人类文明的高光时刻
跨越时空的探索之旅

资本、能源与改变世界的运输革命

火车铁道
RAILWAYS

[英]克里斯蒂安·沃尔玛尔（Christian Wolmar）·著

李亚迪·译

北京燕山出版社
BEIJING YANSHAN PRESS

《阳光照射进大中央车站》,版画艺术,
哈尔·莫雷制作,约1929年

火车铁道：资本、能源与
改变世界的运输革命

[英] 克里斯蒂安·沃尔玛尔 著
李亚迪 译

图书在版编目（CIP）数据

火车铁道：资本、能源与改变世界的运输革命 /（英）克里斯蒂安·沃尔玛尔著；李亚迪译. -- 北京：北京燕山出版社，2022.8
（里程碑文库）
书名原文：Railways
ISBN 978-7-5402-6606-6

Ⅰ.①火… Ⅱ.①克…②李… Ⅲ.①铁路运输－交通运输史－研究－世界 Ⅳ.①F531.9

中国版本图书馆CIP数据核字(2022)第127188号

Railways

by Christian Wolmar

First published in the UK in 2019 by Head of Zeus Ltd.
Copyright © Christian Wolmar 2019
Simplified Chinese edition © 2022 by United Sky (Beijing) New Media Co., Ltd.

北京市版权局著作权合同登记号 图字：01-2022-3697 号

| 选题策划 | 联合天际 | 特约编辑 | 王 争 |
| 视觉统筹 | 艾 藤 | 美术编辑 | 程 阁 |

责任编辑	王亚妮
出　　版	北京燕山出版社有限公司
社　　址	北京市丰台区东铁匠营苇子坑138号嘉城商务中心C座
邮　　编	100079
电话传真	86-10-65240430（总编室）
发　　行	未读（天津）文化传媒有限公司
印　　刷	北京雅图新世纪印刷科技有限公司
开　　本	889毫米×1194毫米 1/32
字　　数	148千字
印　　张	7.5印张
版　　次	2022年8月第1版
印　　次	2022年8月第1次印刷
ISBN	978-7-5402-6606-6
定　　价	68.00元

关注未读好书

未读CLUB
会员服务平台

本书若有质量问题，请与本图书销售中心联系调换
电话：(010) 5243 5752

未经许可，不得以任何方式
复制或抄袭本书部分或全部内容
版权所有，侵权必究

目录

引言：铁路为何出现　　I

1　概念扎根　　1
2　铁路普及　　21
3　改变世界　　39
4　国家构建　　73
5　强盗大亨和铁路圣殿　　99
6　旅行更安全和舒适了　　125
7　某种黄金时代　　147
8　19世纪的发明进入21世纪　　171

大事年表　　187
精选书目　　191
注释　　197
图片来源　　200
译名对照表　　202

* * * * * *

引言：铁路为何出现

铁路不是某一个人的发明。它是许多人共同努力的结果，不过其中大多数人早已被遗忘，最后姓名也无处可考，这是因为铁路系统各个构成部分的开发及投入使用花费了数个世纪的时间。而只有当所有这些不同的发明终于汇集到一起时，铁路的时代才得以开启。

除了起源于公元前4500年的车轮和可能在公元前2000年前后首次出现的战车，下面三项进展也至关重要：为马车车轮铺设轨道以减少阻力的想法、蒸汽机的发明，以及将两者结合起来的尤里卡时刻（顿悟时刻）。

早在耶稣诞生前，人类已经学会通过铺设木板来使板车或马车通行更顺畅。有人认为，古希腊人正是用这种方法将船拖过了科林斯地峡（直到19世纪末，有人才在那里凿开岩石开通运河）。在德国西南部布赖斯高地区的弗赖堡大教堂中，有一扇可以追溯到1350年的彩绘玻璃窗，上面描绘的似乎就是马车在轨道上行进的场景。还有迹象表明，在16世纪初的奥地利萨尔茨堡市霍亨萨尔茨堡的陡坡上，也曾使用简陋的轨道来牵引马车。

在17世纪的第一个10年里，英国一位名叫亨廷顿·博蒙特（这名字仿佛直接取自简·奥斯汀的小说）的采矿工程师更进一步，他铺设了2英里（3.2公里）*长的轨道，将诺丁汉郡弗朗西斯·威洛比爵士的一个矿坑与特伦特河连了起来。这就是之后绝

---

* 书中涉及铁路营业里程时，同时用了英里和公里两种表示法，但为求简便，部分数据采用的是"1英里等于1.6公里"的换算公式，部分数据则稍有不同。——编者注

大多数所谓"马拉铁路"的雏形，其主要目的是将煤炭（偶尔还有其他矿物）从矿坑运到最近的河流，后来是运到运河，然后再将其转运到沿海港口，在那里货物可经海路进行长途运输。由于当时的煤炭价格主要取决于运费，所以降低运输成本就成了这些马拉铁路及后来早期铁路发展的主要动力。

这些马拉铁路大约从17世纪中叶开始迅速推广开来，不过不是在英格兰的东米德兰地区，而是在矿坑密集的东北部。当然，轨道上的马车仍旧靠人或马力推拉，有斜坡的时候，偶尔也只靠重力滑下来。这必定存在安全隐患。其实，可以称为第一起铁路死亡事件的事故就发生在1650年，根据当时的一份报告，两个男孩在达勒姆郡惠克姆的木质马拉铁路上"被马车碾死"。

这些早期的"铁路"造价并不低。一份报告显示，1726年铺设轨道的成本为每英里785英镑。尽管拿当时的成本与今天的花费相比是有争议的，但若换算成如今的币值，一个合理的估计是每英里造价在100万英镑左右，这对矿主来说是一笔不小的数目。不过，轨道可以使马车夫的效率提高5倍，同时降低运输对天气的依赖（那时候一下雨，土路就会迅速变成泥潭）。如此，通过大幅度降低运输煤炭的成本，轨道使煤矿的利润更加丰厚。到17世纪末，它们在东北地区已经非常普遍，人们称之为"纽卡斯尔路"。但很快，"矿车道"一词便普及开来。

轨道维护也是一笔不小的开支。供马车行驶的木轨寿命往往不过几年，所以很快就被铁轨代替。铁最初只是被覆在木轨上，但到17世纪下半叶，人们想到了完全用铁铺设轨道的办法。到19世纪初，矿车道网络已有相当的规模，某些矿主会结成联盟合并线路，因而有些轨道是互相连通的。然而出于竞争，有时矿主会禁止附近矿坑的车经过自己的地盘，或对其收取高昂的"过路费"。

据保守估计，到1750年，英国全国范围内马拉铁路的总长度为133英里（214公里），到18世纪末则接近300英里（483公里）。之后，马拉铁路进入了快速发展期，到1820年，仅泰恩赛德地区就拥有225英里（362公里）马拉铁路。19世纪早期的这些轨道很粗糙，结构也很简单。大部分都是带凸缘的轨道，其防护性边缘可以防止脱轨，而且与车轴宽度适配的普通货车无须改装即可上轨行驶。等到开发出更先进的轨道专用的货车后，凸缘就从轨道转移到车轮上，一直沿用至今。

轨道上用的蒸汽机也是花费很长时间才开发出来的。蒸汽动力与轨道和车轮一样，源头都可以追溯到古代。公元前1世纪，古罗马作家兼土木工程师维特鲁威在文章中曾提到一种名为"汽转球"的装置，它由蒸汽喷射器驱动一只球旋转。虽然这听起来有点儿像是没什么用的胡话，却是人类自有文字记载以来第一次利用蒸汽动力的尝试。17世纪，欧洲和阿拉伯国家取得的各种蒸汽动力专利层出不穷，但蒸汽机的原初模型是1663年伍斯特侯爵二世爱德华·萨默塞特发明的。他制作出一种利用冷却系统制造真空的泵，为蒸汽动力的应用奠定了基础。法国人托马斯·萨弗里也制造了类似的装置，但真正的突破则是德文郡铁匠托马斯·纽科门的发明。他在1705年前后制造出第一台使用汽缸内活塞的装置，这是后来所有蒸汽机出现的关键。利用最新发明的改良型冶铁技术，纽科门制作出能够从矿井中抽水的机器。这项发明救活了锡矿和铜矿业，此前有些矿井因为积水太深而无法开采，但他的水泵能将积水抽干，使其重新投入生产。就这样，他的水泵得以迅速推广，到1733年这一专利到期时，已经有50多台，甚至可能是100台水泵正在使用当中。

另一位伟大的改革家是詹姆斯·瓦特。在18世纪最后的30多年里，他对纽科门的引擎装置做了一系列改进，使其不仅大大提高了效率，还拓宽了应用范围。1775年，他与来自伯明翰的制造商马修·博尔顿共同组建博尔顿和瓦特公司，该公司随后成为世界领先的蒸汽机制造厂商。因为拥有多项专利，该公司垄断了所有蒸汽机的开发权，直至18世纪末。从此，蒸汽时代开启，而瓦特无疑是它的"助产士"。19世纪20年代中期，当第一条完全依靠蒸汽动力的铁路——利物浦至曼彻斯特铁路的修筑计划首次提出时，仅曼彻斯特就有3万台蒸汽动力织布机，从中可以窥见由瓦特所开启的工业革命的规模。

博尔顿和瓦特公司曾为第一艘成功的蒸汽动力船"夏洛特·邓达斯号"提供引擎，但将蒸汽动力与车轮结合起来生产机车的难度远高于此，这是因为生产和利用蒸汽的设备非常重。在18世纪最后的30多年里，人们曾多次尝试制造一种以蒸汽机为动力来源、可自驱动的轮式交通工具。尼古拉·居纽率先制造出蒸汽三轮汽车。该车于1769年在巴黎进行了首次也是唯一一次运行，途中不幸撞墙翻车，而后被列为公共危险品。但在汽车史上，它仍然被人津津乐道，因为这是第一辆在公路上行驶的、有动力装置的轮式机车。

其他人也设想过让蒸汽机车上路，但大多都是纸上谈兵，不过对于康沃尔人理查德·特里维西克被称为"铁路蒸汽机车之父"这一点，倒很少会有人质疑。他独创了高压蒸汽法，比博尔顿和瓦特公司的低压蒸汽发动机的功率重量比更大。1801年，他那辆绰号为"喷气恶魔"的机车，能在自身蒸汽的作用下短距离行驶，但由于他没能设计出合适的转向装置，车子最后翻入沟渠。更糟的是，特里维西克和朋友们随后决定去当地的一家酒馆里借酒浇愁，却忘了浇灭锅炉下的火苗，结果锅炉很快就爆炸了。特里维西克没有气馁，他改良了引擎，并且巧妙地将其置于铁轨上，解决了转向问题。同时，铁的使用也大大提升了轨道技术。1803年，在南威尔士的潘尼达伦炼铁厂，特里维西克的机车惊人地以5英里（8公里）的时速，牵动了重达9吨的货车组。虽然这被认为开创了世界上蒸汽机运输的先河，但由于重量太大，该机车很快就被改装成了固定的火车头，它和车厢之间靠钢索来牵引。

又过了5年，特里维西克才完成他最终也最著名的作品，即被戏称为"谁能追上我号"的机车。他在布卢姆斯伯里的一条环形轨道上——位于今天伦敦的尤斯顿车站以南——展示了这辆机车。在一番大张旗鼓的炒作后,特里维西克承诺,如果"任何母马、公马或骟马"能赛过这辆机车,他将按10000∶1的赔率对其赔偿。1808年夏天,机车和轨道被作为特里维西克的"蒸汽马戏团"展示给公众,但由于外面有高高的围栏,好奇的人必须掏几个便士才能一睹这个新式装置的风采。在天气晴好的时候,这种机车的时速可达15英里(24公里),胆子较大的人如果想乘坐这种机车,还得再付1先令(5便士,约合今天的5英镑)*。"马戏团"经营了几个月,后来因轨道强度不足以支撑机车,出现断裂和脱轨现象,不得不停业,但在此之前,人们的兴趣已经开始减弱。至于特里维西克向四足动物发起的挑战,因为马和机车从未进行过比赛,所以他也不用赔钱。即便如此,特里维西克第二年还是破产了。于是他离开英国,以矿业顾问的身份到遥远的秘鲁淘金去了。他后来又返回英国,于1833年辞世,但他死时穷困潦倒,早已被人遗忘。

不过,特里维西克的遗产至关重要。后来人,尤其是乔治·史蒂芬森,将接过他的接力棒。虽然史蒂芬森本人并不是发明家,但他善于改进和改造他人的发明,这种天赋为他赢得了"铁路之父"的美誉,尽管这有些名不副实。1781年,史蒂芬森出生在纽卡斯尔以西8英里(13公里)处的威勒姆,他家的房子就紧挨着当地矿区的马拉铁路。他起初在煤矿上做司闸员,负责监管从矿坑向上运煤的泵和卷轮装置。闲暇时,他会想方设法改进各种开采

---

* 原书如此。——编者注

THE LOCOMOTIVE OF 1808.
From Harper's 'A Cornish Giant.'

FIG. 5.

煤炭的机器，以求提升效率。后来，维修工史蒂芬森的美名便传扬开来，他能使发生故障的机器正常运转，而他的兴趣很快就转向了蒸汽机车。他去看了利兹至米德尔顿煤矿线的运营情况，这是一条自1758年开始运营的马拉铁路，1812年刚刚转为第一条商用的蒸汽机车铁路。

其上的机车以特里维西克的"谁能追上我号"为基础设计，且得到了米德尔顿煤矿经理约翰·布伦金索普的支持，其革新性表现在另外两方面：它采用齿轮齿条装置，方便运送货物上下陡坡；它的发动机不像之前其他发动机那样只有一个汽缸，而是有两个汽缸，推动力更加平衡。史蒂芬森对此印象深刻，没过几年，他就制造出了自己的第一台机车"布吕歇尔号"，用的是曾在滑铁卢与英军并肩作战的一名普鲁士将军之名。该机车被用于达勒姆的基林沃斯煤矿，而他当时已经是该厂的机工。尽管从矿井延伸出的轨道要经过一段陡坡，但史蒂芬森的机车还是以每小时4英里（6.4公里）的速度成功拖动了8辆总载重30吨的运煤车。接着，他又先后为基林沃斯和桑德兰附近的赫顿煤矿线开发了更多的机车。

当时，其他几位先驱也在积极试制机车，但一些煤矿主和其他轨道线路的倡导者仍然认为，马拉货车这种久经考验的方法是最廉价、最有效的。然而，史蒂芬森坚信他们的想法是错的，而

1808年夏天，在如今尤斯顿车站附近的环形轨道上，理查德·特里维西克的"可移动式"蒸汽机车"谁能追上我号"运行了几个星期，上车体验的乘客必须购买如图所示的车票。

且从未背离他自己的信念，即蒸汽机车，而非马力，才代表着铁路的未来。不过早期的机车都比较简陋，经常发生故障，且重量太大，轨道几乎承受不住，每一个接合点还会损耗蒸汽。尽管如此，它们的运输荷载却在迅速增加，这改变了煤炭业和运输业的经济状况。1822年，史蒂芬森修建了一条8英里（12.9公里）长的线路，连接起赫顿煤矿和威尔河；在平坦的路段，他的"铁马"大显身手，能惊人地拖动64吨的重物。

* * *

到19世纪20年代中期，机车和铁路方面的技术都趋于成熟，人们开始意识到铁路的发展可能会对社会产生重大影响。从某一方面来说，铁路是幸运的，因为那些可能带来其他更有效的运输方法的潜在技术，要么还未被开发出来，要么还存在不足。类似的技术相当多。首先，现在随处可见的柏油路面（即使利用率低的道路也不例外）当时刚刚出现。在18世纪末和19世纪初，托马斯·泰尔福和约翰·麦克亚当等先驱已经开始对道路进行升级改造——后者的贡献尤其突出，他们提出了将小卵石与石粉掺在一起形成平整路面的想法。由于麦克亚当的技术改造，再加上道路维护的责任从地方教区转移到议会设立的道路收费信托机构，收取的过路费被用来资助英国各主要道路的维护，因此许多主干道的路况都得到了彻底的改善。作为当时长途旅行的唯一方式，公共马车出行变得更快、更便利了。不过，天气条件恶劣时，道路表面仍然会出现裂缝，其上的车辙和坑洞必定会减缓行车速度。马车在这种道路上的时速最高可达12英里（19.3公里）。1835年，当时最快的公共马车，即伦敦—什鲁斯伯里的"奇迹号"，在13小时内完成了153英里（246.2公里）的旅程。在早期铁路史的作者斯图尔特·希尔顿看来，这"也不比罗马皇帝提比略的单日陆上行程纪录好多少"：他靠骑马和驾驶战车，一天跑了200英里（322公里）。[1]

其实，当第一条铁路兴起时，或者说在整个19世纪的大部分时间里，远离主干道地区的绝大多数道路的路况仍然很糟，差不多都是坑坑洼洼的小路，几乎承担不起车厢和马匹的重量。当然，它们更不可能负载重型蒸汽机，但这并没有让某些勇敢的发明家打消在这类道路上试行机车的念头。真正的阻碍，反倒是严格限制了道路用途的立法。出于对这种机车可能对道路造成损害的应有的警惕，道路收费信托机构对其征收了高昂的过路费，这种费用有时甚至达到马车过路费的15倍。之后，就在技术不断进步、路况越来越稳定、行驶机车的想法变得可行的时候，英国政府于1865年通过了《铁路机车法》，也就是俗称的《红旗法案》。该法将农村地区的火车时速限制在4英里（6.4公里），而将城镇的火车时速限制在2英里（3.2公里）。在城镇里，挥舞红旗的人需走在车前60码（54.9米）以外，提醒居民有机动车辆驶近，这让司机们感到很难堪；考虑到发动机会发出较大的声响，这种措施显然不必要且费力不讨好。

除了铺好的道路网以外，另一项在铁路刚刚兴起时缺乏的关键发明是充气轮胎。这是使公路运输更经济、车辆行驶更平稳的一个重要条件。此外，内燃机也是19世纪末的发明。如果这些技术突破出现得再早一些，很可能会阻碍铁路的发展，或者至少会阻碍铁路的快速普及，这并不是无稽之谈。蒸汽动力需要极大的功率重量比，因此永远无法用于公路；钢轮与铁（或钢）轨之间较小的摩擦力，正是铁路运输高效的关键。

铁路的出现适逢运输需求（不仅仅是运煤炭）增加之时。公共马车的广泛普及反映了英国各地潜在的出行需求。到1835年，英国约有4000辆公共马车在各地疾驰，每年运送乘客1000万人次。然而，客运能力的提升空间很小。道路交通量的增加既会导致拥堵，又会损坏路面，而且使用马匹有根本性缺陷，某些早期的铁路公司在尝试使用马匹时就发现了它们的弊端。1820年后，由于需求量的增加，饲料成本迅速上升；而公共马车公司频繁承接的快速运输服务，导致马匹的预期寿命缩短，进一步增加了运营成本。这些经验教训让铁路公司看到，长距离轨道运输需要太多马匹，这个想法并不可行。唯一可行的选择是机车。

铁路不仅取代了公共马车，后来还终结了运河航运。运河网最早出现于18世纪下半叶，在铁路出现前的50多年里迅速扩张。到1820年，英国已有100多条可供通航的运河，总长约2700英里（4345公里）。当时，马拉驳船速度很慢，虽然比公路更适合运输沉重的矿物或骨料，但对乘客来说用处不大。少数短途路线上有一些客运驳船，但乘船长途旅行显然不现实。这不仅因为它们所需的时间长，还因为没有全国性的运河网——当时的水道杂乱无章，宽度和船闸大小不一，而且所有权归属混乱，这催生了一个随意的收费系统，使原本有利可图的运河航运因为成本过高而难以为继。

铁路技术享有比它任何一个潜在"竞争对手"更广阔的发展前景，而降低煤炭成本的经济需求正是其能够不断提高的一个关键因素。所有这些都表明，铁路这项发明的时代已经到来。它拥有一切便利条件，而首批铁路线的成功开通将进一步推动技术进步。铁路的出现也俘获了公众的好奇心，在他们的热烈追捧下，铁路公司将会获得未来发展所急需的资金。

铁路对资本投入的渴求几乎无休无止，不过铁路与经济增长之间存在一种难以厘清的共生关系。许多伟大的经济学家都纠结于这个"先有鸡还是先有蛋"的问题，但他们都同意两者是相辅相成的。铁路刺激经济增长，但在国家日益富裕的同时，铁路自身也在不断加速扩张，事实上，国家的富裕正是铁路带来的。随着铁路的出现，其触角所及之处，经济无不得到快速发展，工业革命的成果也得以更广泛传播。由此拉动的经济增长反过来又提供了建造铁路的关键因素——可用资本。早期的推广者很难找到赞助商，但随着铁路取得显著成就以及工业的蓬勃发展，更多投资者和新兴的中产阶级开始寻找有潜力创利的铁路企业，对其进

下页图
全长约8公里的斯旺西至曼布尔斯铁路是世界上第一条客运铁路。它于1807年开通，至1896年帆动力试验失败前，一直由马匹牵引。后来该线路又采用电力驱动，直至1960年停运。

引言：铁路为何出现　XIII

行投资。

最早支持铁路线推广的一直是当地的商界。他们除了有直接的商业动机,往往也是唯一的资本来源。虽然铁路历史学家在哪一条是英国乃至世界上第一条主要铁路的问题上存在严重分歧,但尚没有任何证据能撼动1830年9月开通的利物浦至曼彻斯特铁路的地位。19世纪以来,不少线路都表现出了某种开创性,但没有一条线路具有现代铁路的特征。它们仅开通了基础业务,主要是运输煤或其他矿物,而且大部分都只运至水道。

不过,这些早期线路为利物浦至曼彻斯特铁路的开通创造了必要条件。例如1801年,全长9英里(14.5公里)的萨里铁路开建,两年后通车,连接了旺兹沃思和克罗伊登,号称第一条对公众开放的铁路,任何人只要付通行费就能使用。该铁路依靠马力牵引,负责运送旺德尔河沿岸高度工业化地区出产的矿物和农产品。后来,铁路延长至戈德斯通和梅尔萨姆,但建设一条50英里(80公里)长的线路通往朴次茅斯的计划未能实现。

萨里铁路仅用于货运,斯旺西至曼布尔斯铁路才是公认的第一条客运铁路。该铁路于1807年开通,全长5英里(8公里),主要是为了连通市区码头与斯旺西湾西端曼布尔斯的矿山和采石场。它采用马力牵引,偶尔也借助帆动力——这也是世界首创。其中一位原始股东(本杰明·弗伦奇)冒出了一个新奇的想法,即为旅客提供乘车服务。他只花20英镑就获得了客运权。第二年,他的列车开始载客,票价为1先令,铁路行业随之蓬勃发展。值得一提的是，该线路直到19世纪70年代才用蒸汽机取代马匹。

这些线路至少还能被人铭记，青史留名，从这点来说它们是足够成功的。发展铁路技术或运营服务的尝试不计其数，但由于前期的失败或干脆中途遭弃，其中大多都早已为人遗忘。但这些尝试十分重要，因为它们探明了铁路技术的诸多方面，激起了公众对火车旅行的兴趣，也证明了对可以使用多年的基础设施做长线投资是值得的。当时资本主义正处于萌芽阶段，这些投资有助于展现其潜力。

马拉铁路的集大成者是斯托克顿至达林顿铁路，乔治·史蒂芬森在其中发挥了关键作用。建设这条铁路是为了解决一个"多年顽疾"，即如何以尽可能低的成本将煤炭运至水道。不过，达林顿当地的贵格会教徒兼毛纺生产商爱德华·皮斯及其子约瑟夫，才是这条铁路真正的幕后推手。斯托克顿是一座港口城市，但流经它的蒂斯河不适合通航。达林顿是该地区的主要城镇，人口超过5000人；这里还是当地的纺织业中心，经济繁荣。最初在两地间开凿一条运河的计划遭到当地人的强烈反对，而建造铁路的计划也被议会否决。幸亏在银行界有关系的老皮斯坚持推行该计划，他直接投入大量资金，还赢得了当地贵格会成员的支持，才使它在提交第二次议案之后获得通过。

接着，乔治·史蒂芬森出场了。议会原先批准的线路是威尔士工程师乔治·奥弗顿制定的，但皮斯委托史蒂芬森设计了新的路线。他不仅将原先预计的路线缩短了3英里（4.8公里），后来还在铁路发展过程中发挥了更重要的作用,做出了一系列对铁路发展有深远影响的决定。这些决定包括确定4英尺8.5英寸(约1435毫米)的轨距、使用锻铁做铁轨,以及不顾众人反对,坚持使用蒸汽动力。事实上,因为任何人只要花钱就能使用这条线路,而当地企业又都没有蒸汽机,所以大部分"火车"仍然是马拉式的。史蒂芬森还犯了几个错误:他选用的铁轨很短,火车因此颠簸得厉害;他摒弃了马拉铁路上常用的木质枕木,转而采用坚硬的石质枕木,导致后来出现了大量断轨现象。

负责建造斯托克顿至达林顿铁路的当地小建筑商碰到了一些棘手的自然障碍,尤其是沼泽区迈尔斯弗拉特和必须横跨的斯克恩河。但工程进展相对顺利,完工仅用了3年时间。1825年9月27日,斯托克顿至达林顿铁路正式开通,吸引了相当多的民众围观,有人甚至从国外赶来,主要是因为这是世界上第一条使用蒸汽机车的公共铁路。参加开通仪式的大批人群还见证了当地骑手与"铁马"之间的非正式比赛。这就是史蒂芬森,他经久不衰的声名证明了他自我宣传的能力,他亲手驾驶着自己设计的机车"运动号"上轨行驶,拖着6节载有80吨煤炭和面粉的货车车厢,以及20节载人的客车车厢,车速偶尔还能达到15英里/时(24公里/时),令人目眩神迷。他轻松地超越骑手,在3个小时内走完达林顿和斯托克顿之间的12英里(19.3公里)路程,中间还停了几站。

但事实上,这条广受赞誉的铁路管理混乱,几乎没有现代铁路的属性。它主要用于达林顿至斯托克顿的煤炭运输。只有货运靠蒸汽驱动，客运仍然用马匹牵拉，且只有一节车厢。客运量很小，因为这条铁路途经一系列村庄和矿区，而非主要城镇。最糟的是，单轨导致运行状况混乱。由于没有信号系统，相向行驶的列车经常在中途相遇。沿途的避让线很少，在哪一方应该退回避让线的问题上，双方经常发生争执，有时甚至拳脚相加。由于没有人统一管制，这种情况不断恶化。于是，斯托克顿至达林顿铁路公司的董事们决定不再经营自己的火车，而将使用权转给任何想用铁路从事货运或客运的人，此举符合19世纪初自由市场的时代精神。事实证明，这种自由竞争所造成的混乱启发了未来的铁路推广者，他们意识到必须自己经营列车并提供牵引动力，才能保持对铁路资产的控制。后来者很快吸取了斯托克顿至达林顿铁路的教训。在之后的一个半世纪里，几乎所有铁路都采用了由同一家公司统一运营火车和轨道的模式，只是在20世纪末走向私有化和现在所谓的"开放通路权"（允许竞争对手在同一铁轨上运营）的趋势下，这一模式才告一段落。

1925年，人们庆祝了斯托克顿至达林顿铁路的百年诞辰；1975年，英国铁路公司在纪念其150周年时大肆宣传，声称它是世界上第一条铁路，但它实际上是最后一条马拉铁路。它的名不副实意味着世界上第一条铁路的殊荣确实要归1830年建成的利物浦至曼彻斯特铁路所有，尽管在其他国家，特别是美国，很快就出现了类似的铁路。

下页图
1925年，乔治·史蒂芬森的"火箭号"拖着一列火车，以纪念斯托克顿至达林顿铁路开通100周年。

* * * * * *

概念扎根

利物浦至曼彻斯特铁路在规模上与斯托克顿至达林顿铁路不同。尽管与其前辈一样，它的建造同样是由当地商界推动的，但从名字来看，它连接着两个主要城镇（之后迅速发展为城市，现在拥有举世闻名的足球俱乐部），这说明它在体量上要比纯属非联赛地区的斯托克顿至达林顿铁路庞大得多。

18世纪，工业革命从英格兰北部发端，曼彻斯特和利物浦依靠采煤业和冶铁业迅速发展。不过兰开夏郡才是当时的"硅谷"，那里工业化和机械化的速度世界领先。利物浦港的规模迅速壮大，英国进口的棉花有80%从这里上岸，每天约1120袋；到1824年，曼彻斯特已成为当时的制造业中心，这里大约拥有3万台蒸汽织布机。

所以，对于利物浦至曼彻斯特铁路这样的新事物来说，这是一片天然的成长沃土。这条铁路以蒸汽为动力，采用双轨制，既可运货，也可载人，而且连接着两个主要城镇。建造它的主要原因是原有的交通系统无法满足该地区的需求。两镇之间运送的货物每天达1000吨，但这些货物都是在当地不健全的道路上运输的："当时的情形是，每天都有数百驮马、农用车、伐木马车和公共马车往来。算上停车换马，两镇之间靠马车通行需要四五个小时。"[1] 路上事故频发，有时候冬季的恶劣天气也会导致道路不畅。自1750年默西河和艾威尔内河航道开通以来，该地区的运河规模虽然不断扩大，但仍无法满足运输需求。运河确实承担了大部分货运任务，不过其功能易受季节变化的影响——冬季风大、水面结冰，夏季水浅，而且"运河缓慢而曲折地穿过宁静的乡村"[2]，还使货物全年都面临被盗的风险。

最渴望利用新技术的不是曼彻斯特的工业家，而是利物浦的商人。这条铁路最初的推动者是约瑟夫·桑达斯。他是利物浦的一位粮商，更是一位在政界左右逢源的议会改革家。早在1821年，他就见过煤矿主兼马拉铁路建造者威廉·詹姆斯。他付给詹姆斯300英镑，让他勘测铁路建设条件，还成立了一个委员会来配合他的勘测工作。不出所料，修建铁路的建议遭到了运河所有者的反对。亨特·戴维斯在所著的乔治·史蒂芬森传记中颇为幽默地表

示,正是他们的绅士风度为该项目带来了困难:"利物浦方的推动者都是通情达理、稳重可靠、受人尊敬的公民。1822年委员会成立后,他们最先采取的一项行动,就是向运河有关人员说明自己的计划和不满,并建议布里奇沃特(两镇之间的主要运河)的受托方降低昂贵的费用。"[3] 但受托方态度坚决,拒绝降低他们实际上堪称垄断的价格。戴维斯认为,如果运河所有者能稍微顺应一下变化,本可以将铁路的建设推迟10年。现在,遭到拒绝后,桑达

1830年开通的利物浦至曼彻斯特铁路拥有各种各样的客运车厢。下面展示的是由"朱庇特号"机车牵引的一等车厢,以及由"北极星号"机车牵引的二等和三等车厢。

概念扎根

斯及其委员会反倒加快了动作。

1824年，当乔治·史蒂芬森接受桑达斯的邀请，出面接管勘测工作时，运河所有者确实已开始降低运费，但降幅太小，也太晚了。随着发动机技术的不断提升以及改善两镇之间的交通变得越来越必要，铁路的优势已经再明显不过。

史蒂芬森着手工作后，才发现并不是每个人都热衷于修建铁路的计划，而且反对势力也有良好的组织。在给达林顿的前雇主的一封信中，他写道："为了阻止我们勘测，地面各处都被封堵了。塞夫顿勋爵（运河所有者之一）说他会派100个人来对付我们。"[4] 冲突时有发生，有人向勘测人员扔石块，还利用当地人的恐惧心理广发传单。史蒂芬森及其团队花了4个月时间完成了必要的勘测，但项目计划未能在议会通过，因为在不少于37次委员会会议之后，其建设许可法案在1825年5月被否决了。可怜的史蒂芬森没能在贵族议员和他们精明的律师面前保住该计划，他准备不足和论述不够严谨的问题暴露无遗。他的陈述中也有技术性错误，这是因为他把太多工作委托给了没有经验的年轻助手。其中一个助手甚至因为紧张焦虑，在他的办公室自杀了。

史蒂芬森就此被解雇，但在1826年5月议会通过第二项法案后，他又被召了回来。人们认识到他在设计和筹划铁路建设方面的能力无人能及。于是铁路建设工作几乎立刻开展起来，承担建设任务的是数百名挖土工（Navvy），他们是修建铁路的专业人士，这一名称承继自开凿英国运河的前辈——领航员（Navigators）。

史蒂芬森巨细靡遗、事必躬亲，如为关键岗位选派人手并亲自培训他们，其中较著名的有他的秘书兼绘图员托马斯·古奇，后来古奇担任公司的土木工程师直至1844年。他"为桥梁、平交道口、路堑、路基、机械设备、转台和轨道绘制了粗略的设计图，古奇将其转化成了施工图……由于没有合适的工具和设备，史蒂芬森还得自己动手设计一些。他经常用粉笔在木块或车间的地板上勾勒大致的构想"[5]。

史蒂芬森明白，他需要修建一条适宜运行的铁路线，既没有急转弯，也没有陡坡。因此，他的路线盘山而建，但只要可能就建成直行道。修建任务困难重重，因为途中要跨越许多大河小溪。看似无底的查特沼泽形成了5英里（8公里）长的障碍区，部分区域深达30英尺（9.1米），表面上看几乎无法逾越。有时候，为了在这种恶劣的条件下施工，人和马都不得不踩上几条平滑的木板，就像滑雪板一样。无论史蒂芬森的团队向沼泽中倾倒什么，通通都会消失得无影无踪，这里似乎真的无法修筑铁路线。公司的董事们越来越担心；施工进展极为缓慢，而这项冒险的代价远远超过了他们的预期。最后，虽然灾祸不断，甚至有人掉入沼泽不得不紧急救援，差点酿成事故，但史蒂芬森还是设计出一套系统，用大型木材建造了一条"漂浮"在查特沼泽表面的轨道。不过，由于他坚持要通过打入足够的桩基来稳定路面，这条铁路线直到

下页图
随着铁路的出现，运河陆续停运。这幅版画描绘的是"布里奇沃特运河上的驳船"，图片源于1851年10月18日的《伦敦新闻画报》。

概念扎根　　7

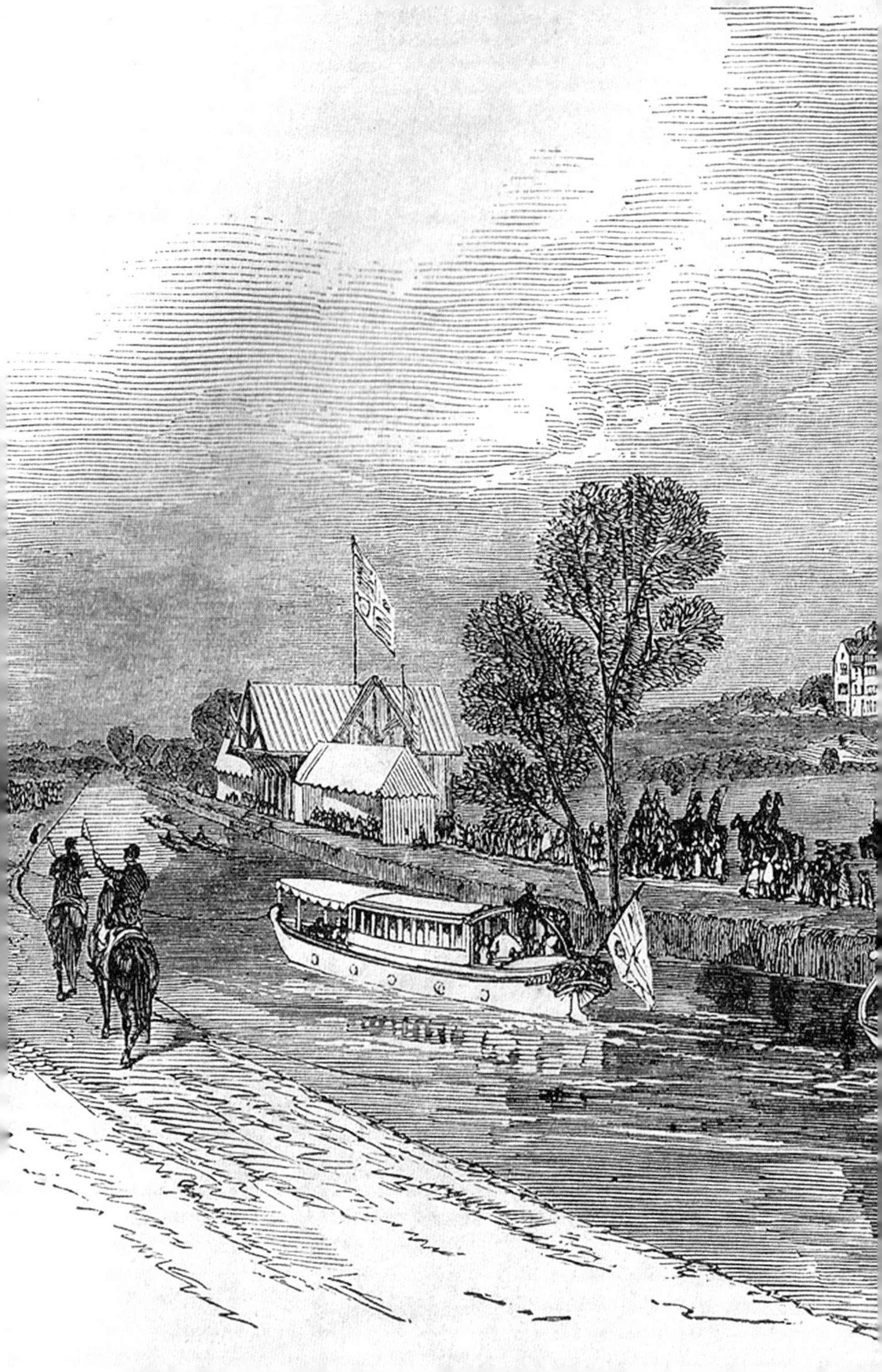

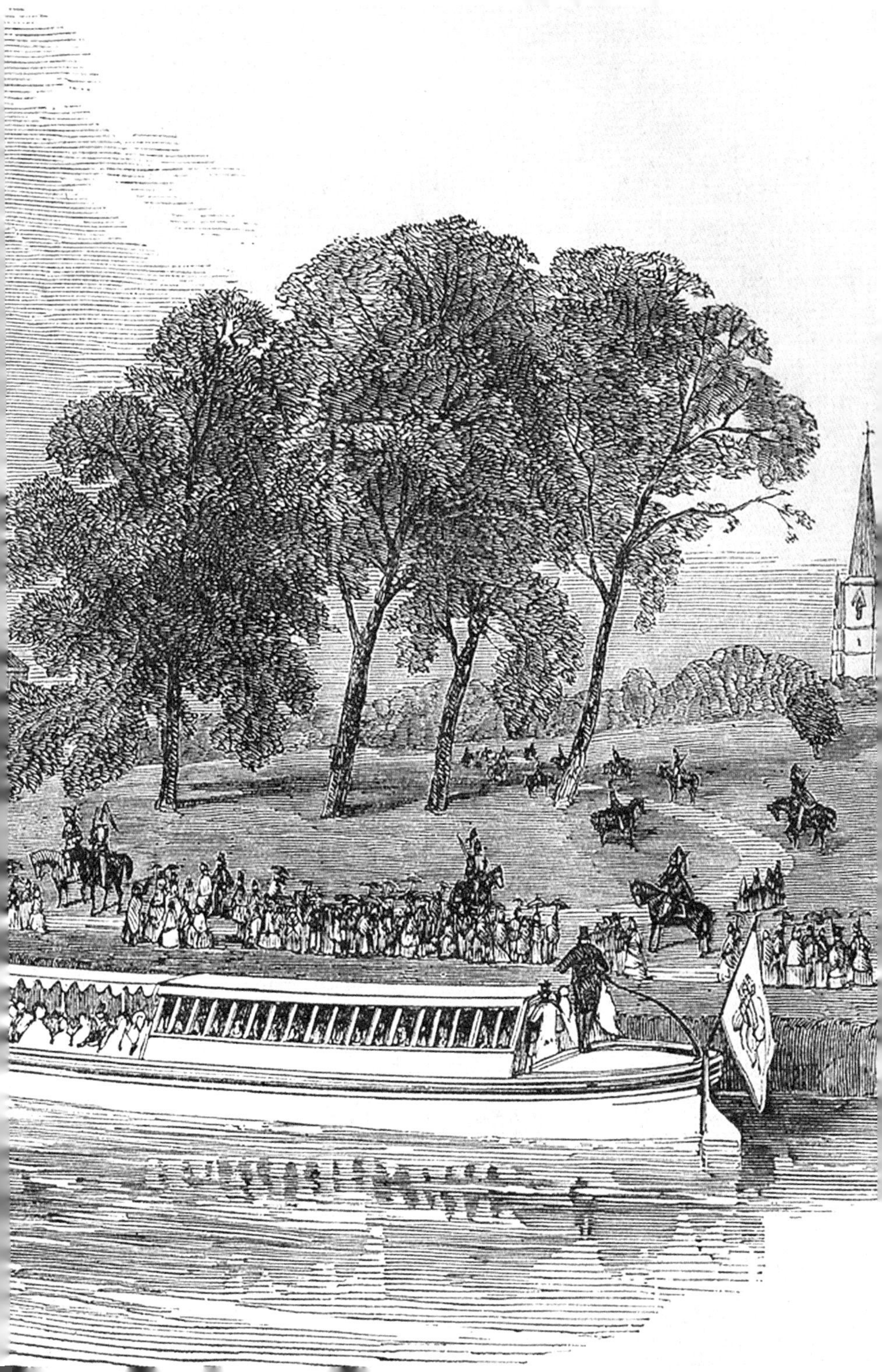

1830年元旦才完工。19世纪下半叶，塞缪尔·斯迈尔斯完成了史蒂芬森的第一本传记，他在书中揭示了修建一条跨越查特沼泽的铁路线所经历的极端困难，还描述了"漂浮"轨道是如何在下方地基稳固之前铺设的：

> 数百名成年男子和男童受雇而来，用锋利的铲子（修剪草皮的人称之为"汤米铲"）清理方圆几千码的查特沼泽，草皮干燥后的硬块随后被用于筑堤。最终，随着草皮不断沉入沼泽底部，堤岸逐渐冒出水面，然后，它缓慢地向前延伸，高度和重量不断下降，直至与已铺设的"漂浮"轨道相接。[6]

这是史蒂芬森的胜利，不过他从来没有怀疑过自己的能力，亨特·戴维斯总结得好："乔治对自己的能力一直充满信心，他视谨慎的人为弱者，视批评者为傻瓜，认为他们不值一提，深信他终将赢得胜利。"[7]

如果说史蒂芬森在完成勘测和铺设轨道方面发挥的作用还不够明显，我们再来看看他在选择线路上所用引擎时扮演的角色。不过在这项事业中，他得到了儿子罗伯特的大力协助，罗伯特是比他父亲更优秀的机车工程师。1829年10月，利物浦东部一个村庄举行的"雨山赛"决定了发动机的选择，这是一场旨在测试机车性能的"选美"比赛。事实上，这场重大赛事只有4位正式的参赛者——除了一个小丑，他用金属把一匹马包裹起来，还为其取名"独眼巨人号"。当时翘首企盼引擎比赛的观众大概有10000

人,营造了一种类似赛马会的气氛。除了史蒂芬森一家,当时所有重要的机车工程师都使出了浑身解数,根据规则,他们需要以不小于10英里(16公里)的时速牵拉一辆20吨的列车,在1.5英里(2.4公里)长的轨道上行驶10个来回。不过最后,史蒂芬森的竞争对手都没有对其构成严重威胁。

瑞典工程师约翰·埃里克森的"新奇号"机车看似不错,时速达到28英里(45公里),但因为发动机严重漏水,被取消了资格;蒂莫西·哈克沃斯后来成了一位优秀的机车工程师,但他设计的"无敌号"机车被裁判认定超重,无论如何,他的努力都在焦炭渣燃烧的熊熊炉火和漏水锅炉冒出的蒸汽中戛然断送;而蒂莫西·伯斯托尔设计的"坚毅号"机车可惜叫错了名字,因为其团队未能修复机车在试验途中发生的故障,所以它很快也退出了。

因此,史蒂芬森父子几乎没有受到挑战。罗伯特巧妙地设计了一种新式锅炉,采用多根炉管而非之前的单根炉管。再加上其他一些改进,他们的"火箭号"机车的表现堪称完美。它以14英里(22.5公里)的平均时速在轨道上平稳地来回运行,到最后一圈时,驾驶机车的史蒂芬森打开速控器,将时速提到30英里(48公里)。史蒂芬森赢得了500英镑的奖金,以及对他来说更有价值的——整条铁路线上所有发动机的制造合同。

现在我们来看看利物浦至曼彻斯特铁路隆重通车的景象,时间是在将近一年后的1830年9月15日。当时已经成功做了多次测验,通车当日的原计划是伴随盛大的仪式与庆典,从利物浦发出几列火车直达曼彻斯特。事实上，工程设计能够胜任这项任务，火车运行也十分顺利，但计划受阻于一次意外，这次意外还造成了第一起铁路死亡事故。

首相惠灵顿公爵虽然患有技术恐惧症，但还是受邀出席了通车典礼。他乘坐的火车大约走了一半，到达牛顿勒威洛斯附近的帕克赛德时，火车停下来加水。惠灵顿公爵决定与其他乘客一起，到轨道上遛遛腿，却被当地的国会议员、铁路支持者威廉·赫斯基森撞见。两人几年前曾有过节，赫斯基森急于弥补，也可能是希望重回内阁，便走过去和惠灵顿公爵握手。但他正握手时，就听到一个人喊道："有火车开过来了。"大多数人都及时登上了火车，而跛着一条腿的赫斯基森却跌跌撞撞、惊慌失措地跑向公爵的车厢，由于没有台阶，他很艰难才爬上去。不幸的是，这位利物浦议员没能避免被由"火箭号"牵引的火车撞上，导致腿部粉碎性骨折。乔治·史蒂芬森驾驶着"诺森伯兰号"将赫斯基森火速送往曼彻斯特，列车时速飙到35英里（56公里），对正在发生的悲剧毫不知情的群众见此激动不已。由于他的伤势很严重，火车不得不在离曼彻斯特几公里的埃克尔斯镇停下。病危的议员被送往当地的牧师家里接受了医生的治疗，但当晚晚些时候，他还是因伤势过重而离世。

然而，庆祝活动仍在按计划进行，没有什么能掩盖这样一个事实：世界上第一条双轨、仅由蒸汽机车牵引的城际铁路开通了。利物浦至曼彻斯特铁路马上大获成功，不仅降低了两个城镇之间的货

1831年的三辆早期机车。

THE ROCKET OF MESS^{rs} R. STEPHENSON & Co

Weight 4 Tons 5 Cwt of 10 Horse power; Gained the Prize for the best Locomotive October 1829

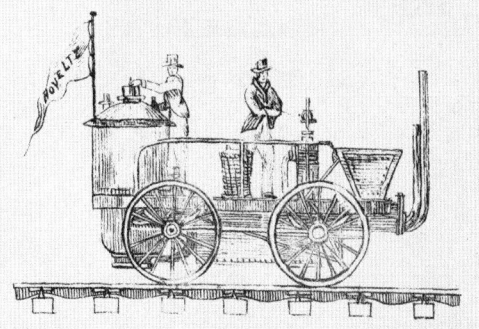

THE NOVELTY OF MESS^{rs} BRAITHWAITE & ERICSSON.

Weight 3 Tons 18 Cwt of about 7 Horse power

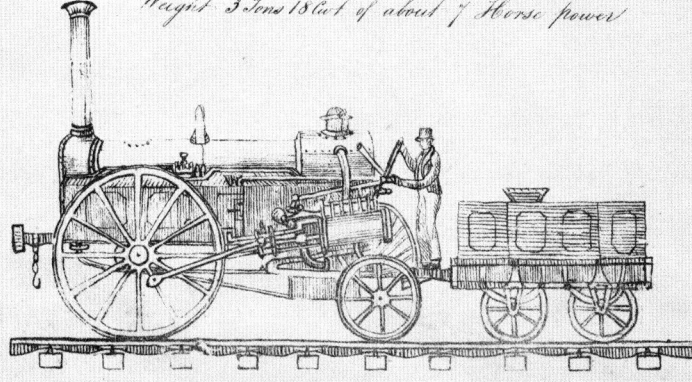

THE NORTHUMBRIAN, OF MESS^{rs} R. STEPHENSON & Co

Weight 6 Tons 3 Cwt of 14 Horse power

运成本，而且大大降低了客运成本。各种末日预言家警告说，机车运行速度太快，人们可能无法呼吸，锅炉也可能爆炸。尽管早期技术存在缺陷，但值得庆幸的是，上述情况其实非常罕见，人们纷纷涌向了这种新的交通工具。年轻女演员范妮·肯布尔的见闻进一步提升了该铁路的声名。她只有21岁，却被粗犷的乔治·史蒂芬森吸引，她俏皮地称自己"疯狂地迷恋"他和他的火车。在正式开通前，肯布尔试坐过这列火车，她后来回忆道，离开利物浦穿越奥利弗山路堑——如今仍然拱卫着利物浦莱姆街站的咽喉时，"这些巨大的石块被切开，使我们能够在地下的深渊中穿行；我觉得好像所有童话故事都比不上眼前景象的一半美妙。悬崖顶上搭建起了一座座桥，上面俯视我们的人就像天上的小矮人一样"[8]。

* * *

正当利物浦至曼彻斯特铁路吸引了全世界的目光时，大西洋彼岸也出现了首批铁路，它们主要利用的是从英国传入的技术。此时，刚刚摆脱殖民统治的美国，在经济和工业上都远远落后于英国。美国东部沿海各大城市之间的竞争刺激了早期铁路（美国人从英国舶来的名词，至今仍在使用）*的发展，因为它们都想获得中西部廉价的农产品和矿产。最终，巴尔的摩击败费城、波士顿和纽约，开始了巴尔的摩至俄亥俄铁路的建设，从铁路名称中就可以看

---

* 美国的铁路一般称为railroad，英国的铁路称为railway，但作者没有做十分清晰的区分。——译者注

出，它的目标是直达280英里（451公里）外的俄亥俄河。

1830年5月，巴尔的摩至俄亥俄铁路第一阶段建成通车，运行在新线路上的第一批列车由马匹牵引，这和欧洲一些国家的情况一样。尽管已有确凿证据证实机车技术的可行性，但铁路的倡导者还是决定让马匹和机车进行一场比赛，以决出最佳的牵引方式。比赛于1830年9月举行，发明家彼得·库珀驾驶着本地制造的"汤姆拇指号"小型机车，初出茅庐就给人留下了深刻印象，它一口气轻松跑下了最开始的13英里（21公里），最高时速达到18英里（29公里）。与它竞争的一匹健壮的灰马被远远地甩在了后面，但在回程时，由于库珀用力过猛，皮带轮断裂，机车停了下来，这匹灰马成功地超过"汤姆拇指号"，反败为胜。

不过事实证明，马车的胜利没什么用，因为库珀的机车给铁路业主留下了深刻的印象，所以他们选择了机车动力。事实上，考虑到计划修建的铁路长度和多山的地形，任何想用马匹牵引的意图都不过是异想天开，因为铁路想盈利需要的马匹太多了。然而，要让人们明白机车是唯一的选择还需要几年时间。虽然巴尔的摩至俄亥俄铁路确实是一条具有开拓性的铁路，但由于法律、财政和技术问题造成的一系列延误，直到1853年1月1日，这条轨道才铺至终点站——西弗吉尼亚州的惠灵。

再往南，有一条更长的开拓性铁路，即位于南卡罗来纳州的查尔斯顿至汉堡铁路。它采用了美国技术，也就是纽约西点铸造厂制造的第一台机车——"查尔斯顿最好的朋友号"*，该机车首次试运行于1830年12月。这条新铁路是为了发展当地的棉花产业而建的。它和所有早期铁路一样，主要是用来运输货物的；就这条铁路来说，是为了连接查尔斯顿港口和内陆的棉农，大大降低他们的运输成本。这条铁路的工程师霍雷肖·艾伦曾到英国考察最新的铁路技术。像前辈史蒂芬森一样，艾伦没有反对使用蒸汽牵引的主张。他认识到，当代机车的动力很快就会有大幅增强，而马匹却不会，无论饲养得多好都不会。铁路的修建工作极为艰巨，

---

* 1831年初，"查尔斯顿最好的朋友号"迎来了自己悲剧的命运。当时一位没有经验的锅炉工因为不想再听安全阀逸出气体的声音，就坐到了这块绝对不能坐的地方。事实证明，该举动是致命的：锅炉爆炸，炸死了这个倒霉的家伙，司机被烫伤，机车也变成了一堆废料。

1830年，尽管在巴尔的摩至俄亥俄铁路上举办的比赛中，彼得·库珀的机车"汤姆拇指号"输给了马车，但这条铁路还是选择了蒸汽动力。

尤其是在炎热的夏季。此外，与南北战争（1861—1865）前在南方修建的大多数铁路一样，这条铁路的大部分劳动力都是铁路公司购买的奴隶。它有很长一段需要穿过森林茂密的松林泥炭地，施工相对容易；但经过其他地方的沼泽地时，铁轨必须用木桩支撑，因此轨道要高出地面，这是一项高难度的工程壮举。

1833年，这条长136英里（219公里）的铁路开通，并在几年内成为世界上最长的铁路。查尔斯顿至汉堡铁路公司（全称是南卡罗来纳州运河和铁路公司）拥有许多现代化的特征，包括拥有众多避让车道（使火车能够在单轨线路上次第通过），从一开始就使用单独的机车牵引，以及令人印象深刻的长度。事实上，它是美国第一条使用蒸汽动力的客运铁路线，这表明它更像利物浦至

曼彻斯特铁路,而不是名气更大的巴尔的摩至俄亥俄铁路。正如铁路历史学家斯图尔特·H.霍尔布鲁克所说,这条开拓性铁路在技术上比北方同时期的其他铁路先进得多:"当巴尔的摩至俄亥俄铁路还在使用帆车和马力驱动时,查尔斯顿至汉堡铁路……已经拥有了第一台美国制造的蒸汽机车。"[9]

南卡罗来纳州运河和铁路公司在历史上鲜有记载。部分是由于它建在南方,南方的外国游客比北方少得多,另一部分则缘于这条线路很快就被并入另一家公司管理,其开拓性作用就此被人遗忘。而直至"二战"前,巴尔的摩至俄亥俄铁路公司始终都是一家独立的公司,所以其作为美国"第一条"主要铁路线兴建者的地位深入人心。

从一方面来看,美国铁路与欧洲的铁路很相似。美国的铁路公司尝试了多种轨距——特别是那些想把邻近的竞争对手挡在其地盘之外的铁路公司,之后确定了相同的标准轨距,即由"铁路之父"史蒂芬森无意中设定的4英尺8.5英寸(约1435毫米)。然而,在大多数方面,美国铁路与大西洋彼岸的铁路有很大的不同。首先,它们的路线要长得多,因为美国幅员辽阔,铁路营业里程更长,而且它们还要经过人烟稀少甚至根本无人居住的地区。其次,美国铁路上行驶的机车也与欧洲机车有明显不同,无论是在外观还是设计上。美国机车的高度和宽度比欧洲机车大得多,这主要是为了适应美国机车特有的球状大烟囱,这些烟囱可以有效地控制炉膛中木材燃烧时迸溅的火花,如果没有它们,机车就可能给周围乡村带来火灾。这种机车比欧洲机车高3英尺（0.9米）多一点，而且动力更强，能够更远距离地运输更重的货物。另外，还有一个关键的变化：由于行程较长，机车司机很可能要长时间工作，因此驾驶室迅速诞生。而在线路较短的欧洲，早期机车就没有为司机设计保护装置。

最后，美国铁轨的建造方式也不同，它更强调降低成本。线路的铺设一般都要避免坡度，即要在山脉的等高线之间穿行。在无法避免坡度的地方，美国的铁路线往往比欧洲更陡峻，因为美国的机车功率更大，更擅长爬坡。挖隧道既费钱又耗时，一般不会被采用。就客运列车来说，19世纪的欧洲火车几乎普遍采用封闭式车厢，而美国火车则主要采用开放式车厢，由于旅途漫长，没有中间站，所以这种火车一开始就安装了厕所。

无论是在美国还是在欧洲，早期的铁路都不仅成功吸引了客流和货物，还带来了关键的经济效益。许多效仿者纷纷准备投资铁路，政府开始意识到，这不是一种转瞬即逝的现象，而是意味着一个新世界的诞生。每个人都开始习惯铁路的存在。

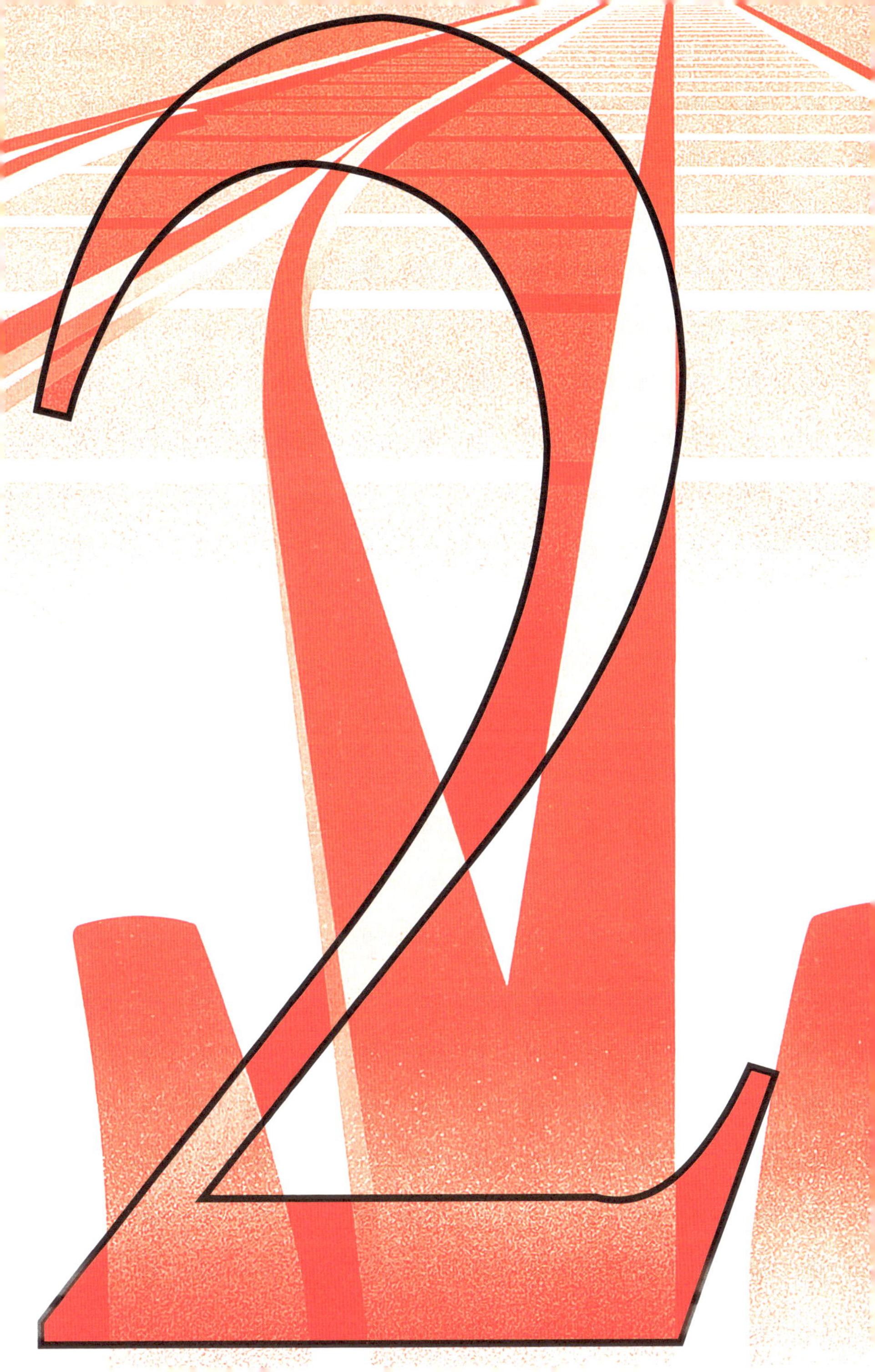
2

* * * * * *

铁路普及

虽然面临技术难题、资金紧张和既得利益者的反对，但在利物浦至曼彻斯特铁路开通后的头10年里，铁路在欧洲和美国的扩张却卓有成效。尽管早期的投资大部分来自私人，但其中不争的事实是，政府必须参与其中，要么直接参与，如刚刚建国的比利时，铁路网由国家政府设计，要么扮演一个推动者的角色，如德国和法国。

在欧洲，早期的铁路技术大多自英国引入，不过比较出人意料的是，许多早期的机车司机也是如此，他们在国内铁路上掌握相关技术后，发现很容易就能在国外找到用武之地。1827年，法国的第一条铁路建成，连接起中央高原的圣艾蒂安和昂德雷济约，全长14英里（22.5公里）。其修建是为了将煤炭从矿区运到卢瓦尔河，而后便于运往全国各地。起初，火车是由马匹牵引的，但不久就换成了机车动力，该线路大获成功后，又建造了至里昂的延伸段，极受旅客欢迎。马克·塞金是一位堪比乔治·史蒂芬森的法国人，同样有多才多艺的特质。他既是一位机车工程师，又是欧洲第一座横跨罗讷河的吊桥的设计师，该大桥位于法国南部的图尔农。马克·塞金为这条铁路制造了最初的两台发动机，并对技术做了大幅改进，其中一些技术回传至英国，还被罗伯特·史蒂芬森用到了他的机车上。

尽管当时的旅行和通信都受到限制，但铁路是一项真正的国际工程，其核心是英国和史蒂芬森家族。例如，在比利时第一条铁路的通车典礼上，乔治·史蒂芬森不仅提供了机车，还亲自驾驶了其中一辆发生过故障的列车。比利时委托他设计本国的铁路网，他的儿子罗伯特和另一位工程师亨利·斯温伯恩则在瑞士承接了同样的任务。罗伯特还设计了非洲第一条铁路，这条铁路连接地中海沿岸的埃及港口亚历山大与开罗，长达120英里（193公里），于1856年开通。在亚洲，得益于英国政府的支持和英国投资者的资金注入——他们保证的回报率高达5%，非常诱人——亚洲第一条铁路，也就是从孟买到邻近小镇塔纳的短线，于1853年成功开通。俄罗斯和意大利*也开始修建铁路，以将首都与皇宫连接起来（在俄罗斯帝国，铁路连接的是圣彼得堡和沙皇居住的沙皇村）。而在德国†，第一条铁路线主要服务于纽伦堡和菲尔特两镇之间的通勤，旨在缓解两地当时已成为国内最繁忙公路的压力。

这些铁路很快就被其他铁路线效仿，而且后者的覆盖面更广，客运服务（事实证明这是一个有利可图的市场）和货运服务也越来越多。短短几十年间，某些国家的铁路就已长达数千英里。在美国，世界上最大的铁路系统的形成是迅速而又盲目的。这个国家很快迎来了铁路的繁荣，营业里程的增长速度惊人：1840年只有几千英里的铁路线，到1861年南北战争爆发时，已经增长到3万多英里，而这还仅限于东部地区。

与一些欧洲国家不同，美国没有建立全国铁路网的概念。它与英国一样，建造铁路是因为倡导者发现这是一个发财的机会，而且从立法机构拿到了建造许可。这里说的立法机构是指地方当

---

* 更准确地说，是当时统治亚平宁半岛南部的两西里王国。

† 更准确地说，是巴伐利亚王国。

局，即州政府，而不是联邦政府。这些线路往往很短，由当地的小公司承建，目的是连接当地的矿山与河流，或是当地的集镇和居民区，因为居民区的人经常要去往附近较大的集镇。从名字就能看出，这些铁路是由不相连的路段组成的。例如宾夕法尼亚州的矿山至斯古吉尔港小铁路，只有2.5英里（4公里）长；密歇根州的帕米拉至杰克逊堡铁路稍长一些；同样位于宾夕法尼亚州、名字带有浪漫色彩的塔斯卡洛拉＆冷运隧道＆铁路公司，名字中也暗示着其辖下铁路的构成。

这些早期的铁路大都是货运线，它们的成功和收益吸引了更多投资，但是联邦政府也在暗地里提供了部分支持，例如取消铁路公司用于建造轨道的铁的进口关税。地方政府和联邦政府还通过其他方式支持这项新兴产业，例如调用军职人员负责勘察，为提倡修铁路的公司节省了一大笔开支。后来，各州向铁路公司划拨（有时是赠予）土地，偶尔还提供补贴或其他奖励。铁路建造和土地使用的低成本都有助于美国铁路建设的快速发展。

然而，私营企业家才是美国铁路飞速扩张背后的动力，正是其获得当地支持的能力，确保了他们的成功。当人们发现开通"铁的路"有可能刺激当地的经济发展时，几乎所有人都对铁路青眼有加。同时，这项新技术也十分契合时代精神，即一种"能干"的文化，这是19世纪美国拓荒精神的核心。铁路扩大了农业市场，

下页图
莫斯科至圣彼得堡铁路（又称尼古拉斯铁路）特维尔站，拍摄于1860年前后。与西欧国家相比，俄罗斯的铁路网发展较晚。

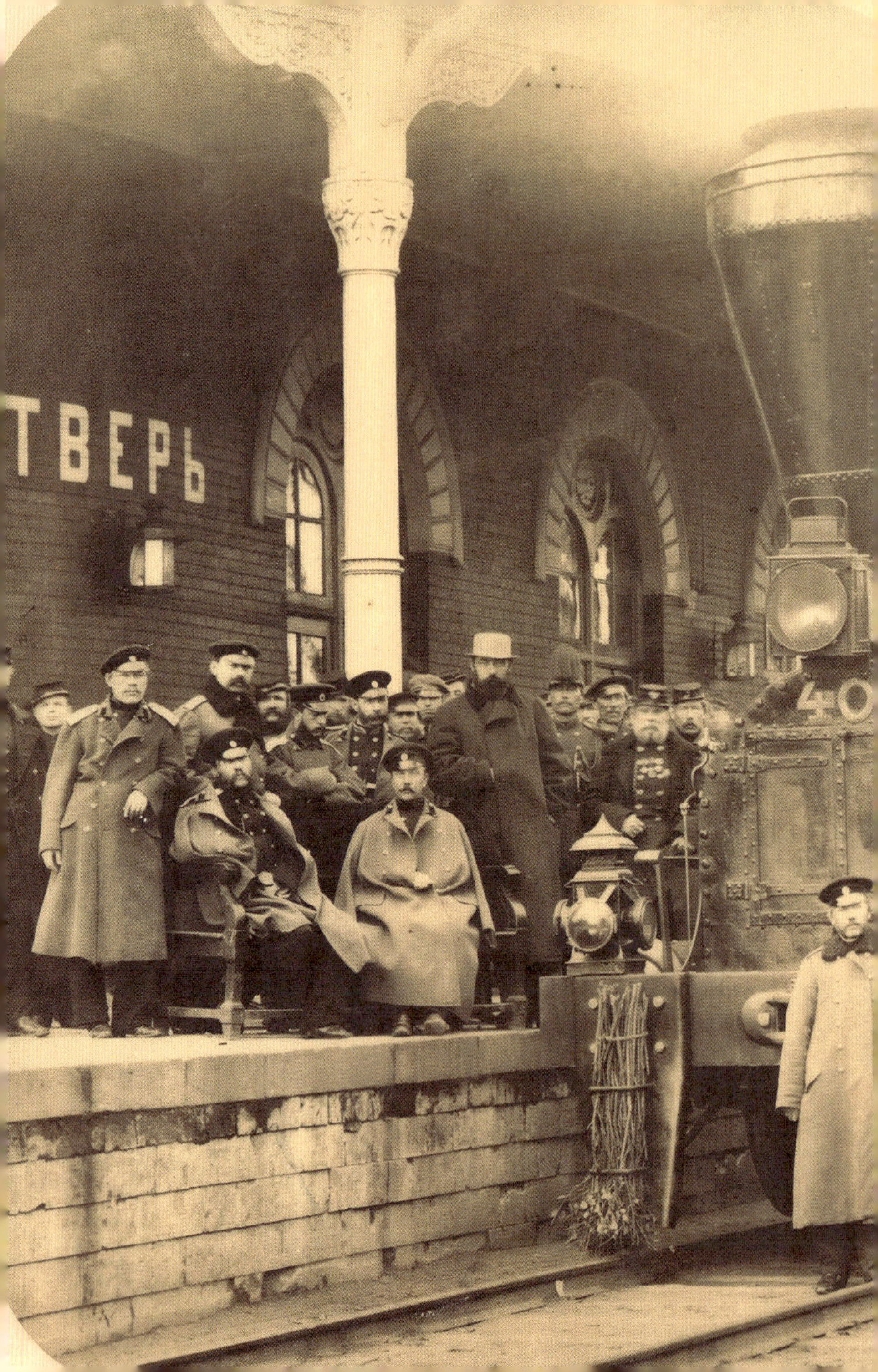
ТВЕРЬ
40

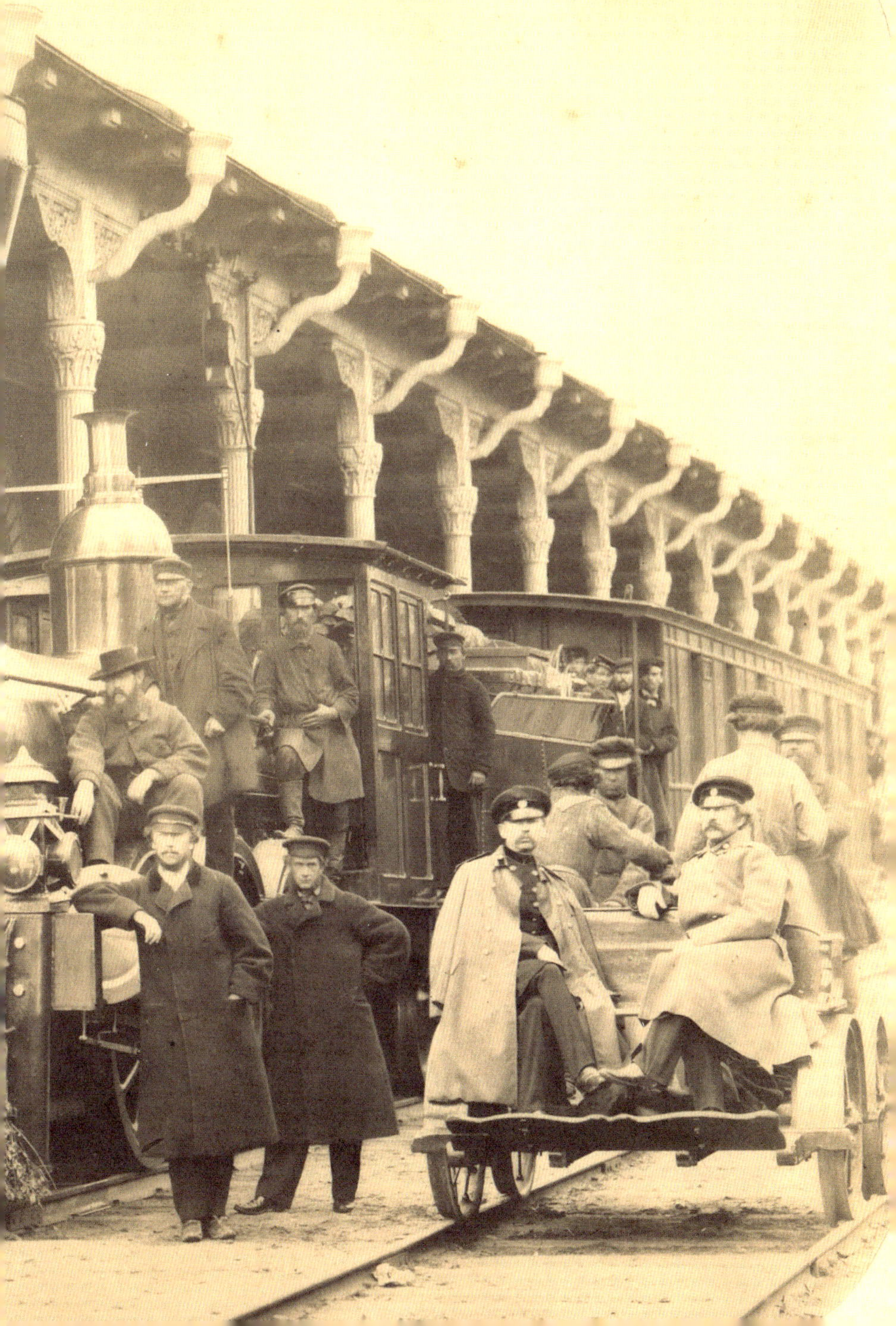

打开了附近城镇的就业市场，也促进了外来移民的流入。

铁路倡导者不仅需要当地的支持，更需要资金以运作项目，所以他们巧妙地让当地人为上述铁路利好买了单。正如幽默风趣的铁路历史学家斯图尔特·H.霍尔布鲁克所说，铁路公司一般会大力游说，以赢得人们的支持。他以神秘而具有代表性的小镇布朗斯维尔为例，指出公司首先会拉拢当地一位热衷铁路建设的名人，然后他们会一起宣称："如果布朗斯维尔想要顺应美国的伟大天命，就必须建造一条蒸汽铁路。"[1] 在倡导者的精心安排下，当地会召开一次会议，然后强行推广就开始了。新成立的铁路公司将自己的股份分散至镇民手中，并许以可观的回报率，之后会召

开更多的会议，甚至全能的上帝也会被拉出来充当项目的支持者。

而铁路的好处不仅仅在于拉动经济。正如倡导者所说，有了铁路之后，城市居民不需要再忍受恶劣的居住条件，而可以搬到城外较远的地方。后来，这一想法启发了伦敦大都会铁路的创建，这是世界上第一条地下铁路。铁路被视作解决各种社会弊病的灵丹妙药：它可以传播知识，从而提高教育水平；可以提供通往空气清新的滨海城镇或山村的机会，改善人们的健康状况。此外，由于公众均可享受这种经济的出行方式，铁路也体现出一种民主精神，进而为所有人提供了平等机会——这已成为美国信条的一个重要方面。

在大多数情况下，这种强行推广很成功，但很多时候这些推广都没什么必要，因为当时的人们普遍都对铁路持支持态度。属于铁路这项发明的时代已然到来，而幅员辽阔、勇于开拓的美国，正是其发展的沃土。正如另一位研究早期铁路建设热潮的历史学家詹姆斯·沃德所说："铁路倡导者用蒸汽机来隐喻他们心中的美国人及美国人的未来。他们常用机车类比美国人的国民性，指出两者都同样年轻，拥有力量、速度、恒心和光明的前景。"[2]

不过在英国，也有一些铁路的反对者，或者说悲观的预言者，他们认为铁路是魔鬼的工具。浪漫主义诗人就认为，铁路是对他们的乡村田园的恶意入侵。桂冠诗人威廉·华兹华斯曾抗议过拟建的肯德尔至温德米尔铁路，因为铁路线会贯穿他心爱的湖区，

1835年12月，英国司机威廉·威尔逊驾驶着"阿德勒（鹰）号"机车在德国修建的第一条铁路——纽伦堡至菲尔特铁路的通车仪式上亮相。

但他的抗议以失败告终。1844年10月，他把自己写的一首十四行诗寄给当时的贸易委员会主席威廉·格莱斯顿，既说明了所有当地居民对拟建的铁路感到"惊慌失措"，也对铁路即将进入这片未遭受破坏的区域表达了悲哀：

英国再无寸土能够逃过这鲁莽的行径？
英国再无寸土能够逃过
这鲁莽的行径？退隐之心撒播在
青年之中，在繁忙的世上保持纯真
当最初的希望之花凋零，
他们必将毁灭；——他们如何承受这种灾难？

然而，华兹华斯的抗议注定以失败告终。1846年，肯德尔开始兴建铁路，一年后，铁路通至温德米尔。

除了这些少数的反对派，大西洋两岸对铁路几乎都持欢迎态度。小城镇和村落通铁路之后，经常有当地名流乘坐专车免费旅行，当日往返；也常举办有铜管乐队伴奏的宴会，幸运的话，全镇居民都会受邀参加。每当这个时候，小学生都会放假，当地的生意人则会尝试利用这一重大事件获利。陶工和吹玻璃工会赶制一些有纪念性的物件，但为了节省成本，他们会采取标准形制，也就是一台早期的机车牵引一节车厢，再配上流行的祝福语"一路顺风"。这些装饰字样还出现在无数梳妆台和壁炉架上最醒目的

铁路是音乐等艺术领域的宠儿，例如这首发行于1828年的《铁路——钢琴特色嬉游曲》散页乐谱的封面就表现了这一点。

THE RAIL ROAD,

A Characteristic Divertimento for the

Piano Forte,

in which is introduced, a variety of

National and Popular Airs,

composed by

C. MEINEKE.

Baltimore,

Published by John Cole.

Price 75 Cents

Copy right secured according to Act of Congress, July 23rd 1828 by John Cole, of the State of Maryland.

位置。当地报纸大幅报道此类事件，有时还会特别印发增刊。也有人警示这种新式交通的危险性，主要因为在许多小城镇和村落，铁轨正好沿着主街延伸，比以前马匹和马车主导交通时的危险要大得多。但是，正如美国铁路历史学家乔治·H.道格拉斯所述，大多数反对的声音很快就被吞没了："总体来说……'铁马'刚出现时，人们都是屏息期盼且热烈欢迎的。所有早期铁路的支持者和规划者都认为，铁路的首次示范运行就是种庆典。"[3]

参与修建早期铁路的人大多也欢迎铁路，因为它带来了就业机会。一般来说，一条铁路线会被分成若干小段，每段1英里左右，分别承包给当地的小公司，这些小公司则会雇用闲散的农场劳工。不过在美国南方，铁路有一段更黑暗的历史，因为许多路线都是由奴隶修建的。一本关于非裔美国人和铁路作用的开创性著作写道："（奴隶们）……建造了内战前南方8784英里（14136公里）铁路线的大部分。"[4] 修建铁路的奴隶比在棉花地里劳动的奴隶境况更悲惨：他们承受着更大的健康风险，经历了更多来自监工的暴行，尽管工作很艰苦，但配给的口粮却很少。这些奴隶要么是铁路公司买来的，要么是这些公司从奴隶主那里租来的。甚至在内战结束废除奴隶制之后，美国仍然利用重罪犯修建铁路——他们往往是有预谋的司法舞弊的受害者，这种状况一直持续到20世纪末。

除了巴尔的摩至俄亥俄铁路，较长的线路大都从东部沿海地区向西部延伸，而且到19世纪40年代才开始出现。这不是因为美国人缺乏雄心壮志，而是因为早期铁路使用不同的轨距，彼此很难对接到一起。正如上一章所说，轨距不统一的部分原因是铁路公司希望划定自己的地盘，阻止竞争对手进入。不过，这种做法无异于自取灭亡。到1861年南北战争爆发时，美国北方至少有11种不同的轨距，有些轨距仅相差1英寸（25.4毫米），而其中最常见的是4英尺8.5英寸的轨距（标准轨距，约1435毫米）；美国南方的轨距也同样五花八门。从宾夕法尼亚州的费城到弗吉尼亚州的查尔斯顿，500英里（800公里）的旅程，就至少出现了8种不同的轨距。

然而，早期美国铁路在地域上的局限性还有一个非常有趣的哲学与技术原因。美国早期的定居者专注于创造几乎完全自给自足的家园，这与美国开国元勋之一的托马斯·杰斐逊的愿景不谋而合。他的愿景是田园牧歌式的，整个国家由小型的城市工厂和自给自足的乡村农场组成；在这片土地上，女人负责缝衣贮食，男人则负责耕田，并用当地铁匠打造的枪支打猎。他们需要铁路去往当地的集镇，但不太可能走得更远。

另一位开国元勋亚历山大·汉密尔顿的设想则与此截然不同。他想要发展规模更大的工厂，从规模经济中获益，同时服务更广大的地区，因此更加依赖高效的交通工具。这个更偏向联邦制的设想必然会胜出，因为它符合资本主义的精神，而正是这种精神推动着美国成为世界上最大的经济体。那些以为只要支持当地的铁路建设，就可以不改变自己的生活方式而坐享繁荣的人，意识到他们的错误时已经太晚了。就像21世纪廉价的长途海运和全球航空网带来的全球化一样，没有什么能阻止铁路的扩张。地方铁路逐渐扩展为区域铁路,然后并入全国铁路网。这一进程虽然耗时数十年,但却是不可避免的,因为资本主义的力量势不可当地冲击了那些对周遭更广阔的环境视而不见、只满足于生活在一方小天地的人。

* * *

英国是另外一个通过私人募资体系建设铁路的国家,政府对铁路网的建设没有做任何指导,于是出现了一段更加极端的铁路过剩时期,俗称"铁路热"。到1840年,即铁路蓬勃发展的第一个10年结束时,已铺设的铁路线有2000英里(3200公里),也就是说,自利物浦至曼彻斯特铁路开通以来,平均每年铺设200英里(320公里)。这些铁路采用的几乎都是蒸汽动力,主要用途则越来越集中在客运上。但此时,铁路的增长已经停滞。19世纪30年代末,铁路建设经历了一次短暂的繁荣。一些铁路先驱获得的丰厚利润刺激了其他野心勃勃的铁路倡导者,他们向议会递交了诸多建设新铁路的提案。但直到1844年春天,人们建设铁路的兴趣才迎来第二次高潮。出现这种情况部分是因为经济形势的普遍好转。铁路公司的股票再次表现抢眼;许多倡导者迫切希望在这次繁荣中套现,他们通过承诺高额的铁路建设回报率,来吸引新兴的中产阶级将手里的积蓄投进来。不过,虽然很多企业家诚实守信,但也有不少骗子,他们唯一的目的就是骗取投资者的资金。

所有新的铁路建设计划都需要提交议会审议,但审议往往都很草率，因为提案数量突然从涓涓细流变成了滔天洪水，议员们不堪重负。这一点从数字上就能明显看出。铁路第一次繁荣过后，在1838年到1843年的萧条岁月里，获得批准的新铁路只有50英里（80公里），但仅在1844年一年，议会批准建设的铁路里程就达到了800英里（1300公里）。这些新铁路需要通过多达48项法案，说明大多数新铁路都很短。但这只是个开始。在接下来的两年里，局面彻底失控，因为议会又批准了6200英里（10000公里）的铁路，这是当时铁路网总营业里程的三倍多。从1844年到1847年，议会总共批准了近10000英里（16000公里）的铁路，几乎等于今天整个英国的铁路营业里程。这些铁路真正建成的只有三分之二，那些未建成的，或者原本就是资本家用来骗钱的，难免让很多人遭受了重大损失。"铁路热"泡沫的最终破灭，并不是因为任何特定的事件，而只是因为对投资前景的评估过于乐观。当时，几乎所有有余钱投资的人都购买了铁路股票，据英国著名幽默杂志《笨拙》报道，维多利亚女王本人也不例外。这些人中的绝大多数都损失惨重，导致英国经济急剧下滑。

虽然许多评论家事后认为，19世纪40年代的铁路热潮既盲目又浪费资源，但它确实催生了大量铁路，大部分铁路至今仍在使用。为了控制这一势头，英国议会在1844年推出了一种敷衍的举措，即通过一项法案，成立了一个由五名专员组成的委员会。委员会的主席是达尔豪西勋爵，他时任印度总督，后来还在亚洲修建了第一条铁路。在他的主持下，委员会本应审核如洪水般涌来的提案，驳回那些会对其他更合理的铁路线造成阻碍或者对公众没什么好处的方案。然而，委员会的其中一项任务是防止不必要的竞争，这就与经济政策起了冲突，因为当时人们普遍厌恶较大的铁路公司，以及它们对其下辖地区实行垄断的企图。在以竞争还是合作为经济的指导原则上，维多利亚时代的人举棋不定，也始终没有找到有效的解决方案。因此，虽然后来有些铁路合并的提案得到批准，但另有一些同类提案却因为担心铁路垄断而被驳回。该委员会确实基于不同地区的情况，试图使某些提案更合理，但总的来说，其权力过于有限，无法发挥太多实际作用。这种权力只是建议性的，因为政府并不愿意限制私营企业。其微不足道的努力似乎越来越与时代精神相脱节，没过几年，委员会就被解散了。自由放任主义已经成了当时的新规则。下面这篇发表于20世纪30年代的关于"铁路热"的论文，很好地总结了委员会的失败：

> 1845年议会会议期间，达尔豪西委员会的建议只有有限的一部分得到了采纳，而在1846年会议期间，也没有出现任何支持该委员会的力量，这导致该国的铁路版图上发展出了一个"统一"的铁路网。各条铁路只有一个共同目标：为各家公司的潜在股东带来实质利益。[5]

但事实证明，自由放任主义并不适用于伦敦，而这一事实对英国首都的发展产生了深远影响。达尔豪西再次进入我们的故事，不

铁路招来了很多非议，也经常成为讽刺性插画的主题。比如右侧这幅插画，展现的就是约翰·布尔完全抵御不了这项新发明的影响力。

Mr. John Bull in a Quandary.
or
The anticipated effects of the Railway calls.

过这一次，他是以大都会铁路枢纽皇家委员会主席的身份出现的。该委员会于1845年成立，负责审议各种关于伦敦铁路路线和站点的提案。在多半令维多利亚时代的人感到厌恶的国家规划过程中，委员会驳回了在法灵顿建立一个四通八达的中央车站的计划，理由是需要拆毁太多房产。*相反，委员会将伦敦金融区和西区的大部分区域划为禁区，不允许建铁路。根据这个指令，伦敦主干线上的车站都建在这一区域的周边地带，由地铁环线†连接，而环线正是根据委员会的建议修建的。值得注意的是，当达尔豪西抵达印度，敦促英国政府支持在印度建设铁路时，他坚持认为应该为此做一个整体规划。他亲自绘制了一张铁路规划图，后来该图还成为印度铁路网的核心，不过这一蓝图的实现还要等到半个世纪之后。

在英国和美国，修建铁路的热潮是由私营经济驱动的，而在其他国家，则是由政府主导了这一切。例如，在法国政府的鼓励下，窄轨铁路几乎通到了每一个村庄。在德国和意大利，"铁马"刚出现的时候，这两个国家还没有统一，于是铁路成了一种推动国家统一的力量和培育国家归属感的方式。到19世纪中叶，每个发达国家都在建设或计划建设铁路网。这是一个快速变化的时代，对未来产生了不可估量的影响。

---

* 人们不禁会想，如果它真的建成，该有多么了不起。说来奇怪，后来伦敦新建的东西向通勤线路"穿心快线铁路"的开通，其实部分实现了维多利亚时代的人对法灵顿车站的想象。有了这条铁路和泰晤士连线，法灵顿的乘客将能够直接搭乘通往整个英国南部的列车。

† 1884年，连接伦敦主线枢纽的环状地铁建成，但直到1949年，它才真正获得了"环线"这一现代名称。

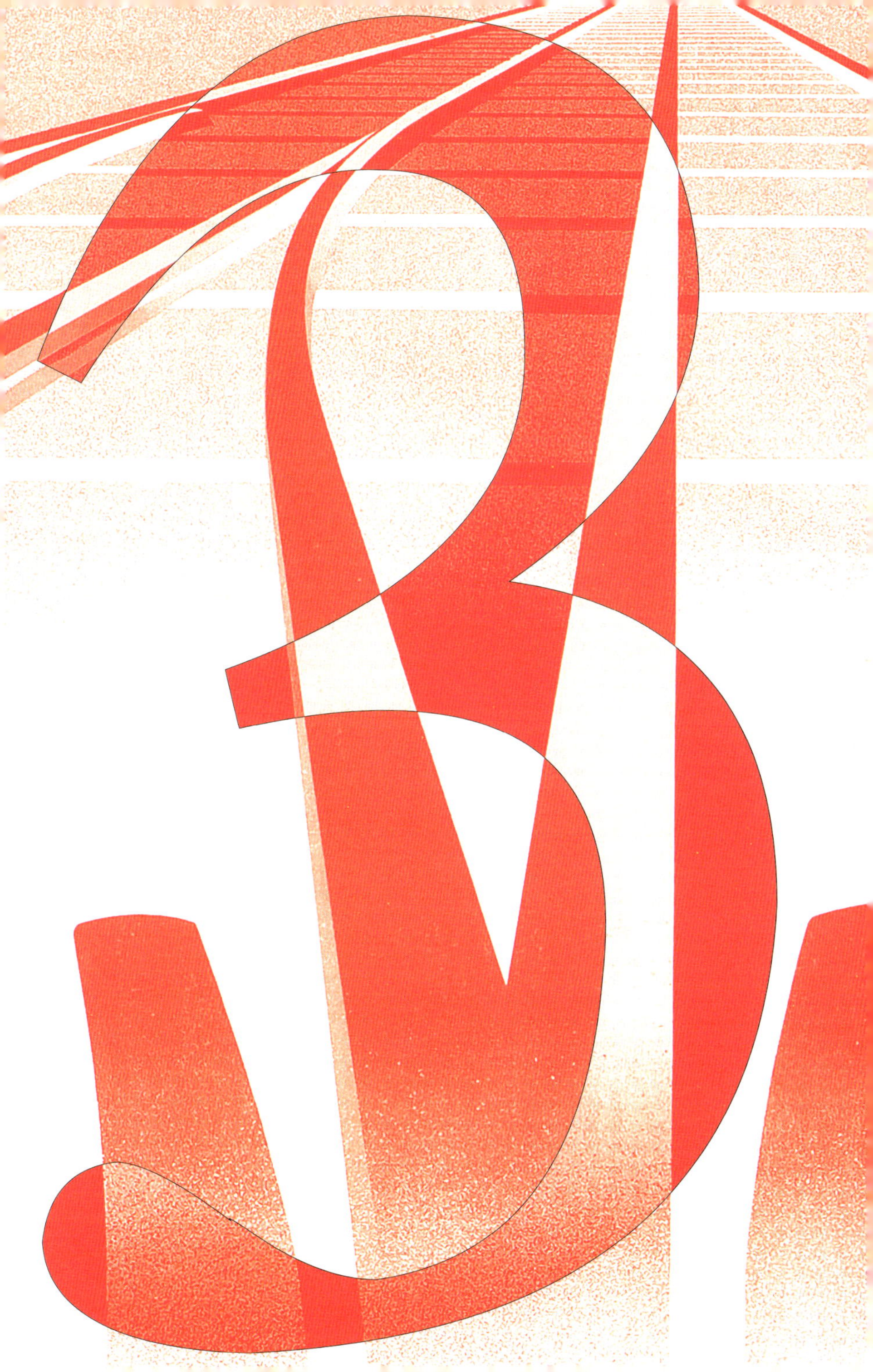

改变世界

1851年，首届世界博览会在伦敦海德公园举行，拉开了全球化的帷幕。这是工业革命的必然结果。博览会的全称为"万国工业博览会"，它显示了组织者阿尔伯特亲王的雄心壮志，同时也开创了此类世界性博览会的先河——该类博览会展示了所有经济高度发达的国家在工业和文化领域的最新成果。

这次博览会的举办绝非偶然，因为当时铁路网已经高度发达，大部分人都能乘坐这种经济实惠又便捷的交通工具去往伦敦。它以巨大的优势成为当时英国举办的最大规模的群众性活动。事实上，就其吸引的人口规模而言，这场大展的成功可以说从未被超越。

从1851年5月1日至10月15日，在大约6个月的时间里，共有620万人参观了博览会，占当时英国总人口的三分之一。其中三分之二的人都享受了1先令的廉价车票，假如没有铁路网，很少有人能成行。参观展会最经济的方式自然是乘坐游览专列（一般由乡镇或者村的"展览俱乐部"组织），但许多定期的铁路专线也提供优惠票。铁路公司迟迟未能抓住世界展览会带来的商机。起初，他们还试图遵守之前商定的规则，尽量避免各公司通过降低票价相互竞争，以防自己的利益受损。不过，他们一意识到博览会的潜力，就立刻竞相推出特价票。例如，从谢菲尔德或利兹到伦敦的往返车票只需5先令。1844年，《铁路管理法案》要求开通的所谓"议会列车"，也成为经济出行的一种选择；该法案还要求，各家铁路公司每天在所有线路上都至少要有一辆列车票价低至每英里1便士。然而，有些铁路公司对这种通过立法强制执行的规定很恼火，故意将这些列车安排在每天不方便出行的时间，于是极少有人能享受这项优惠。

虽然旅游列车和观看体育赛事的"专列"大大提高了人们旅行和休闲的出行机会，但铁路也给城镇和乡村留下了深刻而永恒的烙印。乡村居民感受到的原始冲击也许最为强烈，因为他们的生活方式永远被改变了。试想一下，某个农村地区突然与当地的城镇相通，然后又和全国其他地区连成了一片。这种影响是立竿见影的。当地人现在可以到外面更广大的市场来满足自己的需求。要添置牲畜时，也不再需要沿着村里的路去买鸡、猪崽和牛犊。运输成本降低后，这些牲畜的饲料也更便宜了。当它们被养得膘肥体壮时，还可以用火车拉到市场，使其不至于在运输过程中缺斤少两。肥料和种子的供应也更便利了。最重要的是，煤的价格平均下降了三分之一，使家庭采暖成本降低了不少。在远离农村的地方，伦敦和其他大城市的百货公司发现，它们的业务现在可以延伸到以前无法到达的地方，因此其邮购业务迅速扩大。但铁路带来的并不全是好处。虽然去往当地集镇的交通更加便利，但村里的小商店却可能面临倒闭的风险。农产品在外面更大的市场上价格的抬升，可能会推高其在当地的价格，甚至造成相应产品的短缺。19世纪60年代，当德文郡和康沃尔郡的铁路不断扩张，连接起许多以前与世隔绝的大小村落时，当地的大量牛奶被销售到英国其他地区，以致西部各郡的牛奶稀缺，扰乱了当地的牛奶市场。不过总体来说,铁路在很多方面给农村生活带来的影响是积极的。由于肥料和机具的供应更充足,农业生产更高效了,而且除了邻近地区,农民还能把农产品售卖到更远的地方,这也有助于其收入的增加。

粮食生产成本的降低使城市居民受益匪浅,农产品可以来自更远的地方,而且运达时更新鲜。火车上引入冷藏设备后,源自西南部各郡的牛奶可以被卖到伦敦等遥远的地方,而在以前,各地的牛奶供应都依靠附近的农场,甚至是养在地下室的奶牛。除了运输牛奶之外,铁路还从根本上改变了城市生活的许多方面。虽然在铁路出现之前就有郊区,但它们一般是人们躲避城市喧嚣、寻求宁静生活的去处。铁路出现之后,郊区大规模扩张,成了每天进城打工的人晚上睡觉的地方。从这一点来说,铁路对巩固阶级差异负有部分责任。伦敦的第一条铁路是1836年通车的伦敦至格林尼治铁路,据其股东招股书所说,其设计目的是保证搬到新建车站附近的居民"可以(迅速)摆脱城市的乌烟瘴气,呼吸布莱克希斯和舒特斯希尔的新鲜空气"[1]。招股书还说,这条铁路将使"数千名打工人可以享受离城较远的经济房舍,每天只需要在通勤上花费6便士"。6便士就是拟定的往返票价。

伦敦至格林尼治铁路很快取得了成功,其他铁路也迅速跟进,它们服务的是伦敦以南的瑟比顿、布罗姆利和克罗伊登等地。但直到19世纪下半叶,首都的铁路建设才引发其外围郊区的爆炸性扩张。不过,火车种类不同,依此而建的郊区所服务的阶层也不一样。有些铁路公司,如掌管国王十字车站的大北方铁路公司和控制帕丁顿的大西部铁路公司,就对偏远的郊区不屑一顾,因此只有那些能负担得起高票价、对班次少的火车不以为意的富人,才愿意搭乘这些公司的列车去霍恩西和伊灵等地生活。相比之下,负责利物浦街的大东方铁路公司,发车班次极多,因此途经站点附近建造了许多廉价住房,沃尔瑟姆斯托、莱顿和恩菲尔德等地的低收入工人就在此留宿。在英国铁路的发展历程中,这类主要供工人出行的列车出现得很早。它们在特定时间提供优惠票价,有时票价还分等级,因此针对从事体力劳动的工人、发车时间较早的列车,就比文员及其他白领乘坐的、发车时间稍晚的列车更便宜。1847年,东郡铁路为伦敦港的码头工人首开廉价票列车;5年后,斯托克顿至达林顿铁路公司(当时运营着一条由机车牵引列车的现代铁路)效仿其做法,为工人开通了前往北约克郡的冶铁村埃斯顿的列车。

1863年,伦敦第一条地铁大都会铁路开通。由于意识到人们对通勤的巨大交通需求,它当时的每日往返票价仅为3便士,而非9便士。亨利·梅休是一位社会研究员,也是大都会铁路的早期支持者,他在搭乘这条线路开设的蓝领工人列车时,对车厢的质量和运载的乘客之多、人员构成之复杂印象深刻。尽管当时天色尚早,但"人群熙熙攘攘,很多人手里或拿着鱼篓,或拿着用红手绢包着的锡壶或锡盆。腋下夹着大锯子的是木匠……而有些人则穿着建筑工地的工人特有的灰色和黏土色土布衣服"[2]。要到很久以后，工作安全背心和安全帽才会出现。大都会铁路的竞争对手是大都会区域铁路（始建于1864年），后者向西部和南部扩展，覆盖了普特尼、温布尔登、阿克顿和奇斯威克等村庄和小镇，由于车次较多、票价低廉，其经过的所有地区人口均增长迅速。

铁路带动的不仅仅是住宅建设。有了铁路后，布伦特福德和蒂尔伯里等滨河郊区的工业得到极大的发展。伦敦的快速扩张在很大程度上也归功于其蓬勃发展的铁路网。

英国的其他城镇也建起了交通网，它们大部分由有轨电车和火车组成，主要为日渐繁荣的郊区和工业区服务。在利兹、伯明翰和利物浦等城镇，交通网保留了下来，"二战"后，准确说是到20世纪60年代，由于"比钦大斧"行动带来的铁路支出削减，另外一些城镇的交通网消失了。

* * *

美国也出现了同样的郊区化进程。然而，因为美国城市周边的土地更容易买到，价格也更低，所以建成区的分布范围远大于英国。这里成为铁路天然的领地，轨道铺设成本较低，铺成后既能服务原来的郊区，也能促进新郊区的形成。其实，"通勤"一词最早出现在19世纪40年代，当时纽约、费城、波士顿和芝加哥

★　参见第175—179页对比钦报告和其后削减铁路网行动的讨论。

下页图
伦敦至格林尼治铁路长约4英里（6.4公里），是世界上第一条郊区铁路。该铁路线横跨851个支撑拱，它们如今仍然承载着英国一条重要的铁路。1836年，该铁路第一段开通。

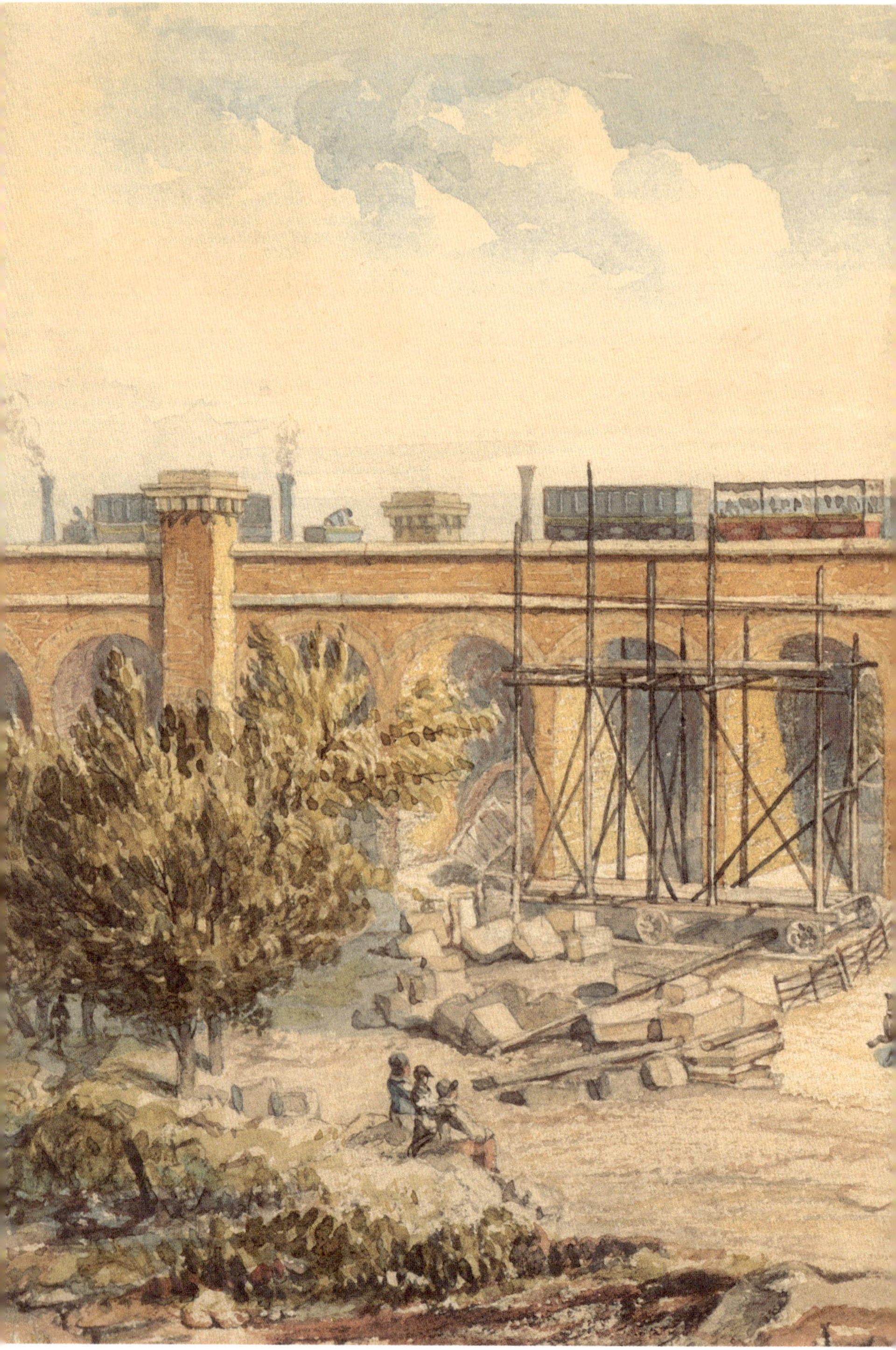

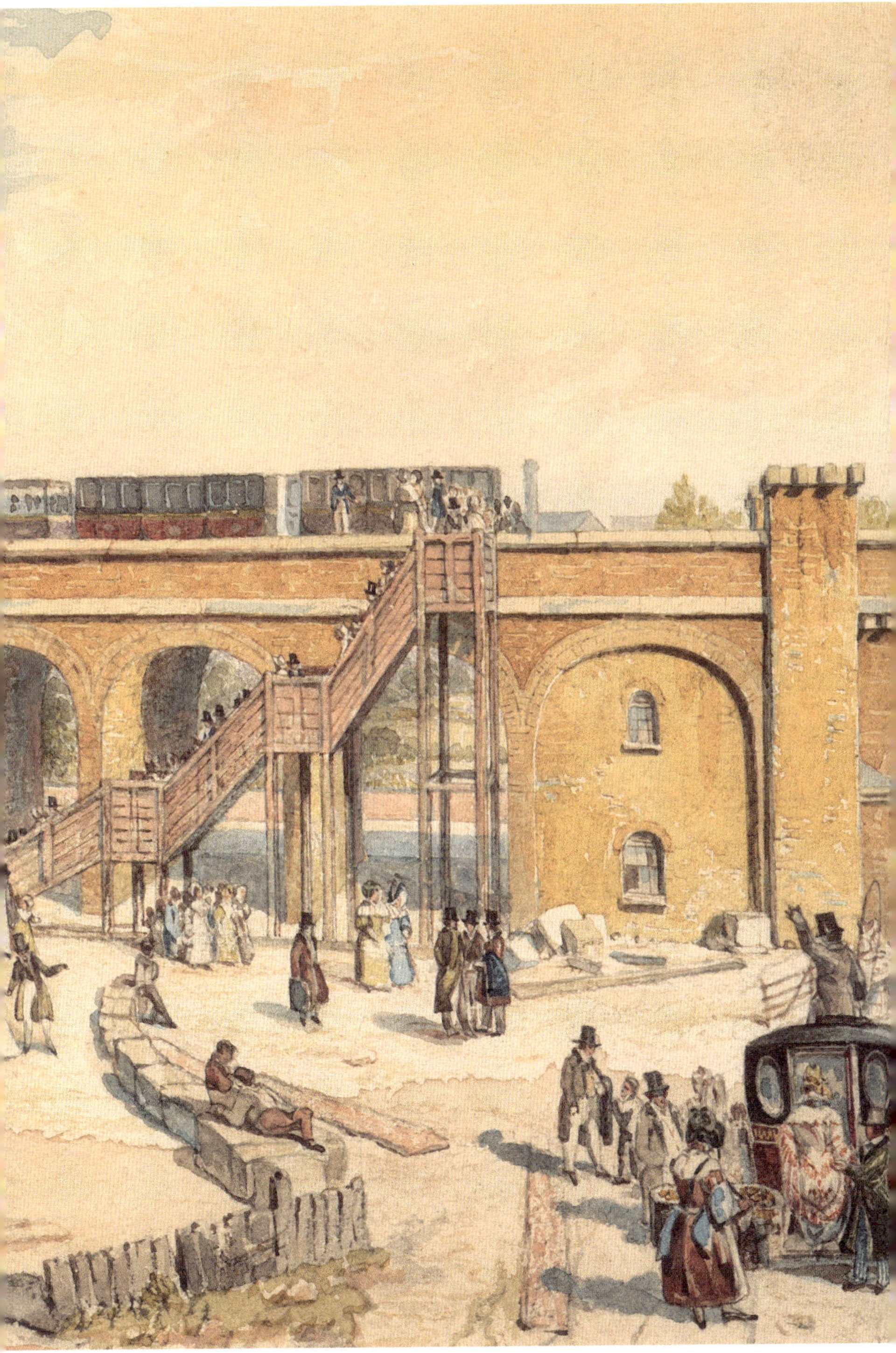

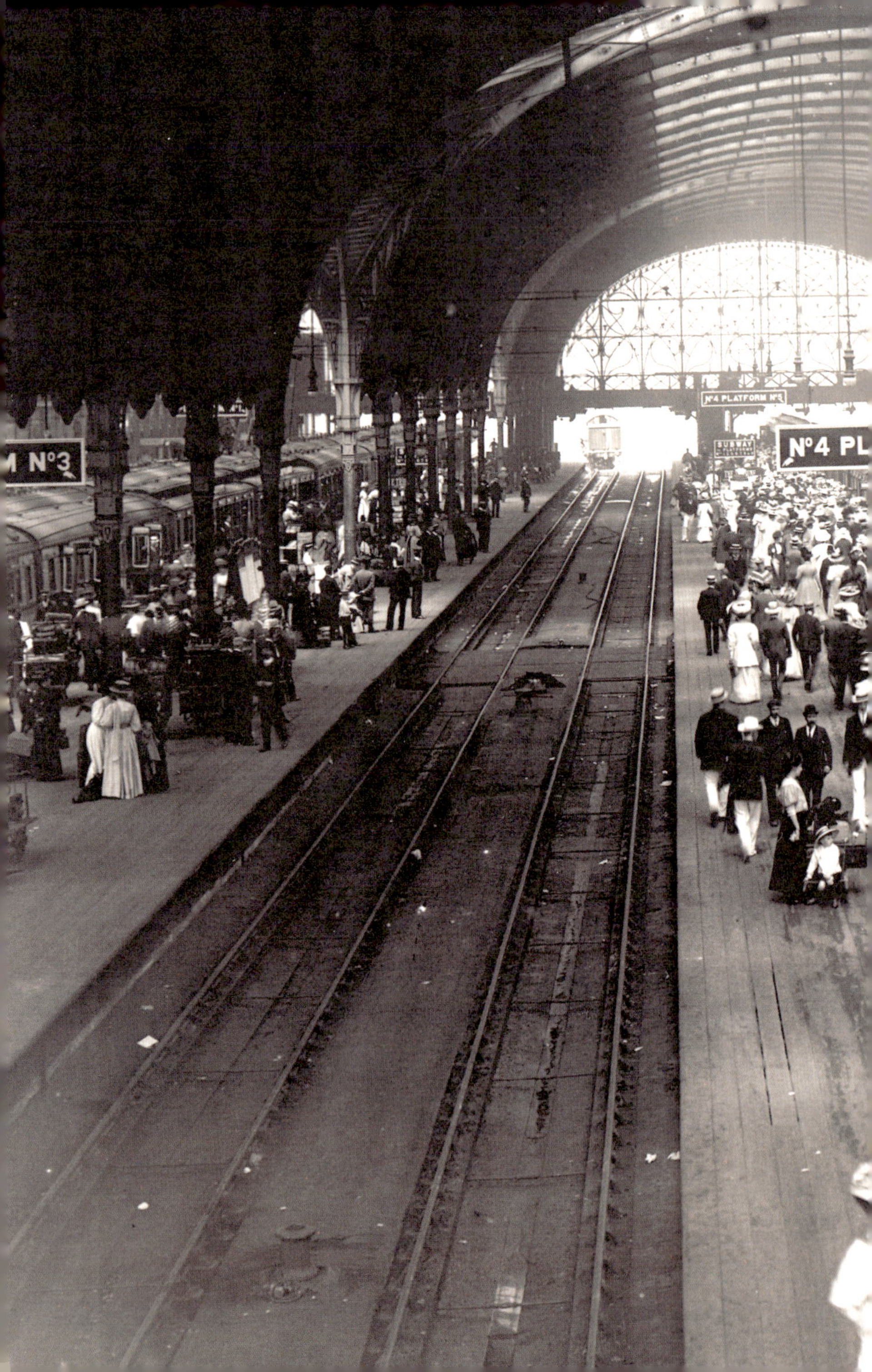
M Nº3
Nº4 PLATFORM Nº5
SUBWAY
Nº4 PL

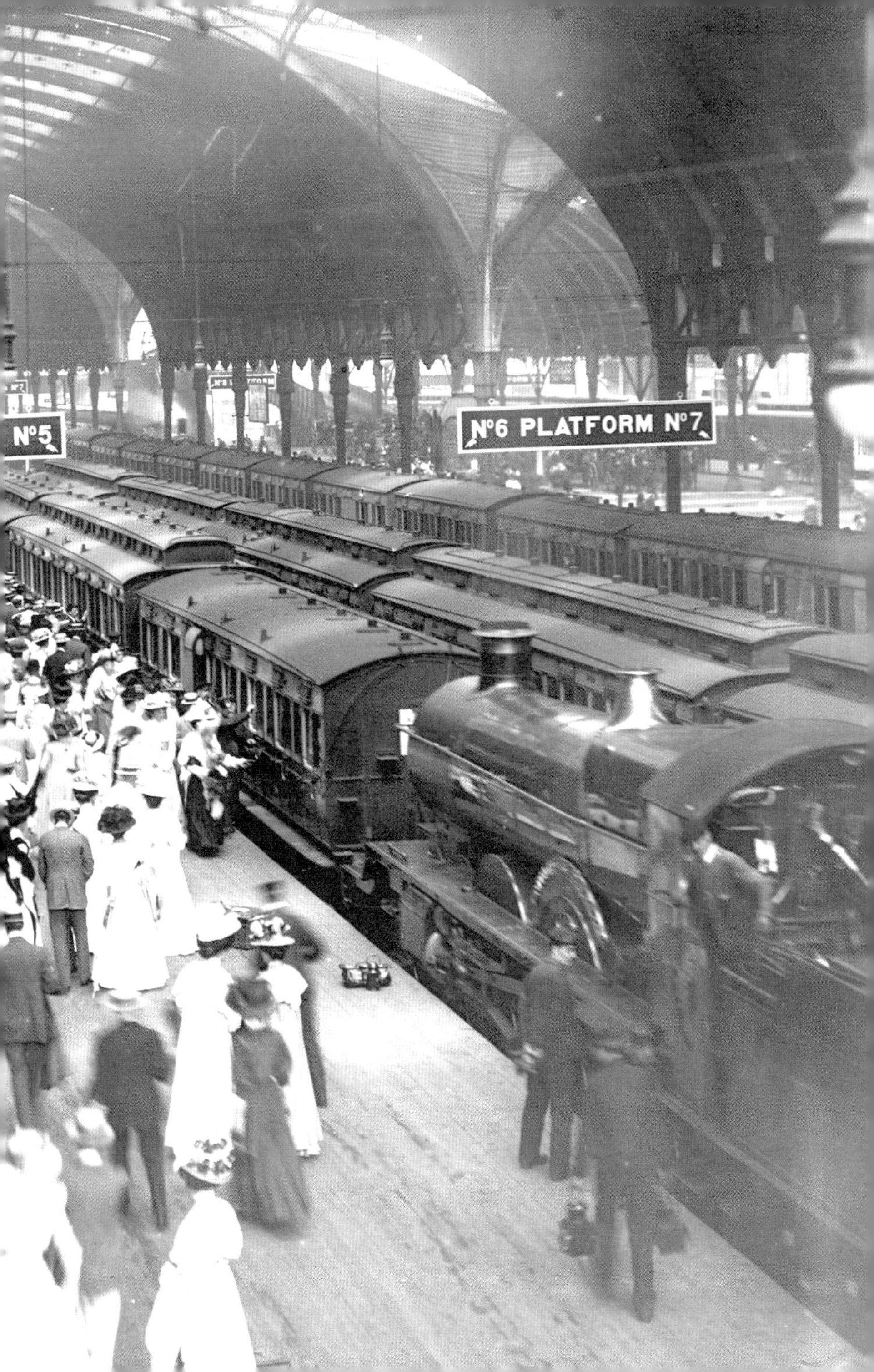

Nº5
Nº6 PLATFORM Nº7

等大城市周边正在建造局域铁路,以满足工作在城市、生活在郊区的居民的需求。某些铁路公司还为这些常客提供"通勤"车票。不过这些铁路最初接受度很低,只有波士顿在距离市中心15英里(24公里)的范围内,迅速建成了将近85个通勤站。

直到19世纪80年代,随着许多郊区铁路的迅速发展,很多人才习惯了乘火车通勤。正如这一现象的记录者乔治·H.道格拉斯所说,"在19世纪80年代和90年代,郊区铁路这种交通方式改变了美国的格局,过去人们觉得郊区很远,如今在市中心、郊区和乡村之间建立了一种新的联系"[3]。铁路不仅催生了早期的郊区,刺激了车站周围郊区的发展,也决定了人们的生活节奏,这种节奏开始受钟表,尤其是铁路旅客列车时刻表的支配。人们的办公时间由列车到站的时间决定,由此产生朝九晚五的工作日,并形成了数年如一日的通勤习惯;通勤者往往乘同一辆列车,选择同一节车厢,甚至坐在同一个座位上,看同一份报纸,很可能每天检票的也是同一个售票员。换句话说,铁路创造了计时的监狱。铁路公司也试图将调整控制在最小限度。拉克万纳铁路公司服务于纽约周边地区,它运营的16.15次列车可以说是美国运营时间最长的通勤列车,这趟列车从新泽西州的终点站霍博肯车站出发,直达麦迪逊和莫里斯敦等绿树成荫的小城。该列车于1883年投入运营,一直到1970年公司重组才停运,这让其最忠实的用户——

上页图

伦敦的大型车站比世界上任何城市都要多。帕丁顿车站由伊桑巴德·金德姆·布鲁内尔(1806—1859)设计,是其中最早的一座。图为1908年7月,准备去观看皇家亨利赛艇比赛的人们在此候车的情景。

采铜业主管和莫里斯敦的前任市长W.帕森斯·托德——大为震惊，因为从1899年开始，他就一直乘坐该次列车去纽约办公。

* * *

需要精确的铁路旅客列车时刻表的，不只是朝九晚五的上班族。铁路运行要遵循明确的时刻表，保证乘客能在预计的时间到达目的地，时间原本是一个局域性的概念，但这种要求使其后来逐渐在全英国乃至国际上都有了统一的标准。铁路出现之前，英国不同纬度的城镇都有自己的时间。例如，普利茅斯的时间比伦敦晚20分钟，但因为当时的公共马车速度太慢，从首都赶到普利茅斯要将近一天时间，所以两地的时差对乘客来说几乎无关紧要。然而，复杂的铁路网出现后，由于大量乘客需要转乘，就必然要求交通工具的精确性和准时性。当东西向的铁路主动脉即大西部铁路开始向西延伸时，沿途火车的计时一片混乱，因此该公司按格林尼治标准时间，推动了各地列车时刻的规范和统一。不过，它游说议会采取英国统一时间的尝试起初并没有成功，所以在1841年，该公司单方面推出了自己基于格林尼治标准时间的标准化时刻表，但保留了一些地域差异：雷丁比伦敦晚4分钟，比奇彭纳姆晚8分钟，比布里斯托晚14分钟。事实上，这种时间仍然很混乱，所以10年后，该公司统一了其名下整个铁路网的时间。

下页图
1866—1870年，就在世界上第一条地铁大都会铁路一举成功后，大都会区域铁路的帕丁顿站经肯辛顿至黑衣修士站路段也建造起来。它同样采用明挖回填技术，对城区造成了很大破坏。

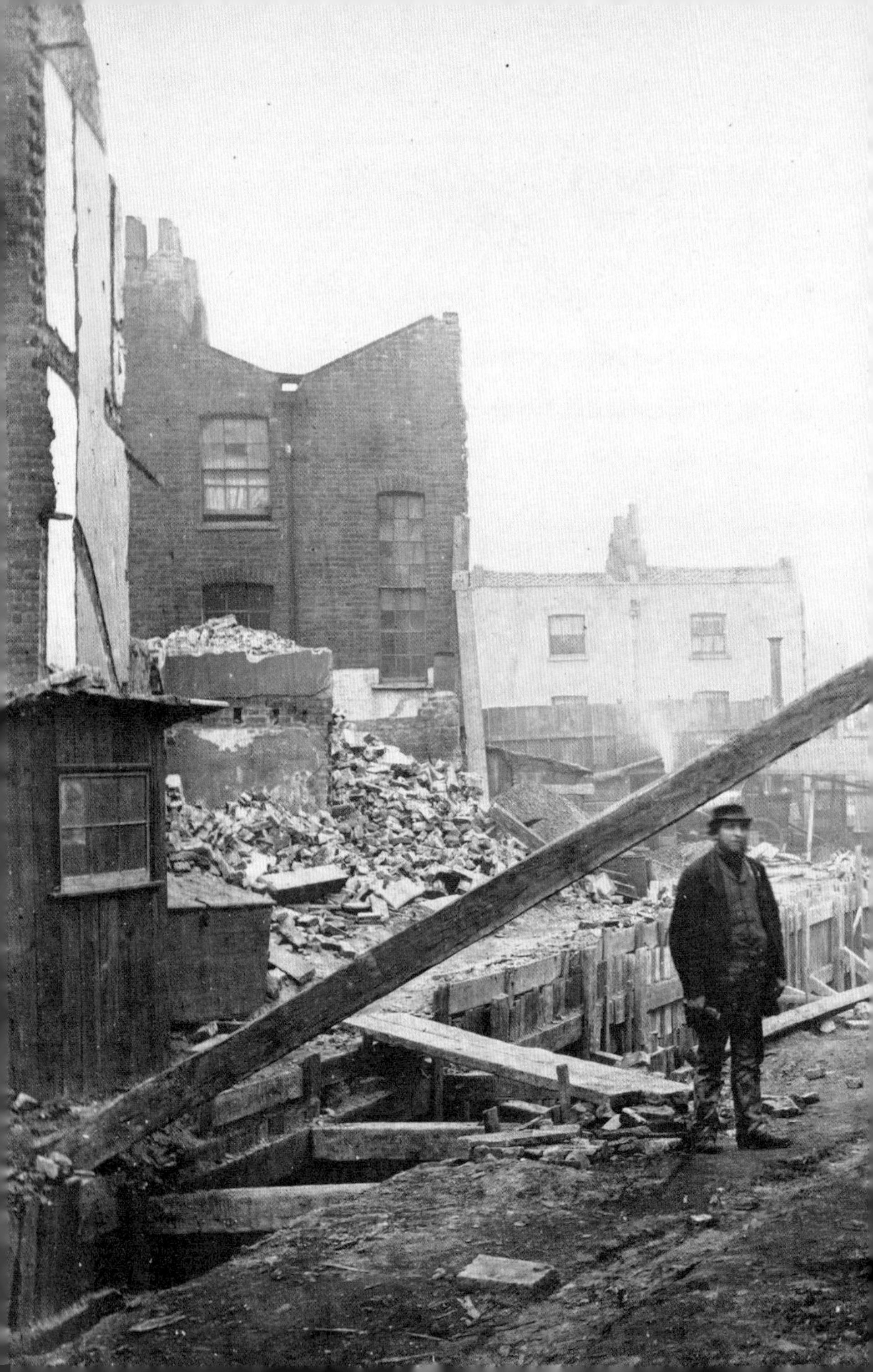

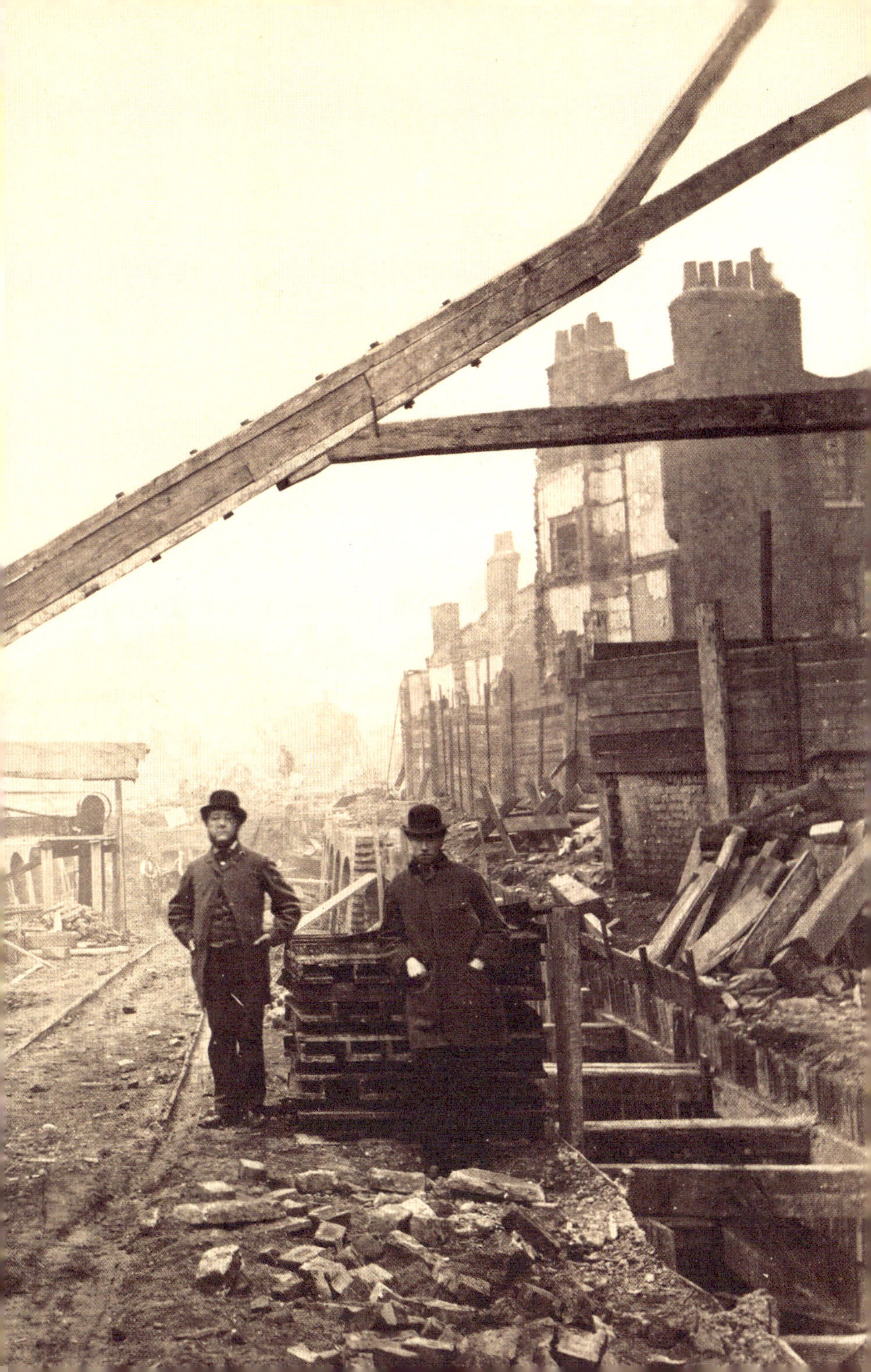

在行业协调机构铁路票据交换所（成立于1842年）的督促下，其他铁路公司迅速跟进，但直到1880年，议会才决定统一全国的时间。在此之前，英国大多数地区的教堂时钟显示的时间都与车站不同，所以铁路公司不得不在车站的外墙上安装巨大的时钟。诺里奇和什鲁斯伯里的时钟尤为壮观，这象征着铁路公司巨大的影响力。这些铁路公司认为自己凌驾于地方政府的法律之上，因为市政厅往往远不如当地的火车站建得那样气派；甚至凌驾于上帝之上，因为人们以前一直靠教堂的时钟来确定时间。

同样，美国最终也不得不屈服于铁路的时间规范，但因为大西洋这边的阻力较大，标准化时间的确立耗费了更长的时间。现代化的推行者热衷于把国家分为不同的时区（鉴于美国幅员辽阔，这当然也是必要的），但遭到了一个被称为"蒙昧主义者"的团体的强烈反对，他们认为全国都应该采用日升日落的自然时间。到1869年，分区制运动才开始扎根。改革的主要游说者是威廉·弗雷德里克·艾伦，他是卡姆登至安博伊铁路这一早期大型铁路的前工程师，其功绩被永久地刻在了华盛顿特区精美的联合车站的石碑上。他提出了设置4个时区的建议，并在1883年的一次会议上被采纳，不过阻力仍然存在。在美国东北角的缅因州的班戈市，"顽固市长"拒绝接受采用东部标准时间的城市法令。他斥责这是"违反宪法的，因为它妄图改变全能的上帝万古不易的法度"[4]，他禁止当地教堂的司事在新定的时间敲钟。更值得注意的是，虽然铁路公司并不怕惹怒上帝，反而兴高采烈，但在一个之前使用地方时间的铁路网中引入新的时间,也带来了不小的危险。根据决议,所有火车将在指定日期的正午中途停运,同时调整时刻表。虽然没有发生事故,但这一行动造成了无数列车延误,混乱持续了几个月。在俄罗斯,全长5750英里(9250公里)的西伯利亚大铁路全线使用的都是莫斯科时间,不习惯的乘客可能会感到混乱,但在一条跨越7个时区的铁路上,其他任何计时方法都只会让人更加困惑。

* * *

在19世纪的大部分时间里,铁路在世界各地飞速发展,影响深远,人们生活的各个方面几乎都因此而改变。这些改变包括一日三餐的时间、住房、食品等等,从更大的层面来说,经济甚至政府管理人民的方式也发生了变化。

早在万国工业博览会举办之前,旅游列车就成了铁路的一大特色。在利物浦至曼彻斯特铁路于1830年开通后不久,有150位主日学校的教师选择了通过该条铁路出游,这是主日学校有史以来第一次团体旅行。很快,成千上万的人就开始乘坐怪物似的长火车外出旅行或者一日游。1840年8月,近3000人乘坐一列据说有67节车厢的火车从诺丁汉到莱斯特游玩,当日往返;4年后,6600人乘坐着由9台机车牵引、总共240节车厢的火车从利兹到赫尔旅行,但它究竟是单列还是多列火车,我们不得而知。银行假日滨海游也是铁路催生的概念。19世纪30年代,英国圣徒纪念日这一假期的数量大幅减少，少量公共假期（后来被称为"银行假日"）确立起来。有了铁路，居住在内陆的人就能在假期到海边玩上一天，这在以前是不可能的。不久，长达一周的假期也变得稀松平常。比如在1850年8月放假的一周里，有20多万人乘坐各种旅游列车离开曼彻斯特。在美国，铁路公司也积极鼓励这种旅行方式，因为他们看到其中有利可图。19世纪30年代中期，马萨诸塞州的波士顿至伍斯特铁路公司会在7月4日这天推出4列特价火车，运载量达1500人次。

这种大规模的人口流动让大众尝到了自由的滋味，也使其普遍滋生出旅行的愿望，而这种愿望只有铁路才能满足。1852年，F.S.威廉姆斯写道："几年前，人们几乎不曾走出自己生长的土地，对故乡的总体情况就像对月球的地形一样所知甚少，不过现在，他们毫不犹豫地利用起了可以利用的交通手段。"[5]

然而，不定期的旅游列车特别容易发生事故，部分原因是车上人数众多，另外一部分则缘于它们运行在特殊时期，有时候会让信号员措手不及。1842年5月，巴黎附近发生了世界上第一起重大的铁路事故，出事的是一趟旅游列车，车上载着去凡尔赛宫参加路易·菲利普国王庆典的一日游游客。这趟列车共17节车厢，挤满了770名乘客。事故发生在傍晚，列车返程途中，由于两台机车中的一台的车轴断裂，导致火车脱轨。随后，引擎中的煤块点燃了木质车厢，至少50名乘客在大火中丧生，但也有人认为遇难者可能多达200人。许多遇难者一开始在脱轨事故中毫发无伤，但因为被困在车厢里，最终没能逃脱火焰的吞噬。凡尔赛脱轨事故的发生，改变了此前欧洲普遍采用的、将乘客锁闭在车厢中的习惯。在英国，一些早期的铁路事故也与火车专列有关。1861年，由于一名年轻信号员的失误，一趟客运专列与一趟货运列车相撞，16名乘客在肯蒂什镇丧命。

滨海城镇也与铁路形成了一种难分难解的共生发展关系。它们是很多短途旅行的目的地，随着人群搭乘火车蜂拥而至，这些城镇迅速扩张。但凡拥有一片美丽的海滩或几处秀美的断崖，那些未通铁路的村镇都争先恐后地开始接入铁路网。1840年，兰开夏郡的弗利特伍德成为第一个建造火车站的滨海城市，次年，萨默塞特郡的滨海韦斯顿紧随其后。19世纪40年代末，还有其他十几座城镇迈入铁路时代，旅游列车也有了更多的目的地选项。

在假日里，英国工人阶级能去到的最好去处是斯卡布罗和布莱克浦等北部度假胜地，但更富裕的阶层可以选择去蔚蓝海岸（英国人称之为法国的里维埃拉）过冬。英吉利海峡的轮渡迅速将多佛、布莱顿等南部滨海城镇与法国沿海城市连通了起来，使中产阶级实现了跨国游。这类游客一般都会选择托马斯·库克的旅行社，他的公司已成为长途旅行的代名词。人们经常认为是库克发明了旅游列车，其实不是。他第一次组织旅行是在1841年7月5日，但旅游列车早在10年前就有了。不过，库克为推广假日火车旅行做了很多工作。他组织的第一次旅行是将莱斯特的570名乘客带到拉夫堡，行程仅11英里（17.7公里）。他们当时是去参加一个禁酒集会，集会在一位禁酒运动积极支持者的私家花园里举办，还提供午餐，举行了舞会等活动。库克希望这些活动的举办能阻止人们去酒馆买醉，至少这是他发展铁路旅行业务的初衷。旅行社很快就将人们送出国门，到1872年，甚至还筹划了一场儒勒·凡尔纳式的环球旅行——虽然只耗时212天（花费210英镑，等同于今天的25000英镑），但却比儒勒·凡尔纳于次年出版的《八十天环游地球》中菲利亚斯·福克花费的时间长很多。再后来，就在第一次世界大战之前，一位富裕且乐善好施的美国石油商——亨利·弗拉格勒——将大部分财产都投到了佛罗里达海岸的铁路开发中，以便为自己在当地开办的酒店服务。他最大的成就是在1912年建成了一条长达128英里（206公里）的铁路，它深入大西洋，跨越诸多岩石构造的岛屿和宽阔的海面，将海明威最喜欢的城市基韦斯特与大陆连了起来。

　　滨海交通的便捷也改变了人们的饮食习惯，在铁路的推波助澜下，英国人最爱的菜肴迅速变成了炸鱼薯条。炸鱼一直是滨海城市的主要食物，而在铁路出现之前，由于运输条件的限制，内陆地区没有鲜鱼供应。城市居民到海边度假时，发现了这种价廉味美的食物，一旦火车开始将渔民捕获的渔产迅速运往全国各地的城镇，现成的市场马上就出现了。在这里，火车发挥了两种重要作用，既让内陆地区的人有机会品尝到新鲜的海鱼，又实现了鱼的廉价运输。比如在1844年，通往诺福克海岸雅茅斯的铁路开通后，就迅速将当地的鱼运到了内陆的诺里奇和更远的市场。第

这张海报宣传的是开往肯特郡福克斯通和多佛港口、且与快速蒸汽船联运、直通法国的高速列车。该线路由著名的伦敦、查塔姆和多佛铁路公司经营,1864年,这家公司又开通了多佛和加来之间的客运业务。

一批炸鱼薯条店出现于19世纪60年代。到第一次世界大战开始时，全英国已拥有25000家这样的外卖店，它们会从设在主要城镇的本地鱼市进货。

吸引人们乘火车而来的，并不仅仅是海边清新的空气、炸鱼薯条以及欢乐的假期。1840年8月，在英国西南部的康沃尔郡，博德明至韦德布里奇铁路公司发出了一趟挤满游客的旅游列车，这些游客此行是为了去博德明参观两个人的公开绞刑。9年后，也就是在1849年9月，铁路公司提供特价票，所有火车全部出动，将10万人运抵利物浦的柯克代尔监狱外，现场观看了曾杀害多人的谋杀犯约翰·格里森·威尔逊的绞刑行刑。*

在19世纪中叶的英国，还有另一项活动让人趋之若鹜，这就是非法的职业拳击赛，参赛者需要赤手空拳互相搏击。铁路部门曾一度积极推广这项赛事，因为它能带来客流。虽然职业拳击赛比铁路的出现早得多，但直到人们能够乘火车观赛之后，比赛才有机会转移到偏远地区，这样观赛专列可以偷偷地疏散拳击手和观众。有时候观赛人群会疯狂地挤上火车，而后面还有地方治安官穷追不舍。最后的结果可能是，一场非法的拳击赛在一个地方消停了，但乘火车越过郡县边界、逃出治安官管辖范围后，另一场又开始了。对于英国铁路的影响，西蒙·布拉德利曾有过精妙

---

* "迎接"观众的是一个可怕的场面，行刑手法拙劣，足足花了15分钟，因为吊的时间过短，后来这可怜虫不得不被勒死。更糟糕的是，威尔逊的头罩掉下来，露出了鼓凸的眼睛和发紫的脸。1868年后，死刑转到监狱内部执行，铁路部门就此失去了死刑带来的油水。

的论述。其中，他对铁路竟如此纵容这种非法活动感到讶异："虽然观看这种赛事并不违法，但铁路公司为其提供的交通便利程度还是令人吃惊——就像在20世纪80年代，英国铁路公司为在农场举办的嗑药与锐舞派对提供的专列一样。"[6]

事实上，铁路也有助于赛马等更为合法的运动的发展。在这里，铁路与赛马表现为另一种共生关系，铁路的发展使两者均发生了变化。在利物浦至曼彻斯特铁路开通后不久，观众就开始乘火车去牛顿勒威洛斯的赛马场观看比赛，这个赛马场后来变成了海多克公园。很快，伦敦和南安普敦铁路公司也效仿前者，为埃普索姆的赛马观众开设了专列。然而，它低估了客流需求。1838年，在这条铁路开通后的第一个比赛日，5000多名赛马爱好者因无法登上开往赛马场的8趟专列，最后只能失望地在位于伦敦南部九榆树的铁路总站附近徘徊。赛马俱乐部的精英成员并不总是欢迎这种因铁路而涌入赛场的人群，他们更喜欢在乡村的赛马场举行传统的小型赛事，只有那些能自己骑马来的人才能参加。不过，不管赛马俱乐部欢迎与否，通过铁路涌入的人群都彻底改变了赛马的性质，将其变成了一项大众运动。正如布拉德利所说："在1849年南约克郡铁路开通之前，谢菲尔德人如果不能骑马或者乘马车，就只能步行18英里（29公里）到唐卡斯特赛马场，也就是说要走整整一夜。"[7] 相比之下，在1910年一场连续4天的赛事举办期间，全英国各地的铁路公司发出了超过1065趟专列，甚至为了应对这次特大的交通流，还设立了专门的临时信号塔。

铁路还促进了其他运动的发展，提高了它们的普及程度。1878年，第一支澳大利亚巡回板球队抵达英国，吸引了大量观众，其中许多人就是乘坐铁路专列来看比赛的。10年后，英格兰足球联赛成功开办，成员包括英格兰北部和中部地区的十几支球队，这要归功于铁路能更方便地让俱乐部和球迷前往客场比赛。1890年，郡际板球锦标赛开赛（有些球队来自遥远的约克郡和萨塞克斯郡），也吸引了大量观众乘火车旅行。

铁路对美国棒球的影响更为微妙。棒球这项运动最初开始流行是在南北战争时期，到19世纪70年代第一个职业联盟成立时，顶尖的球队是芝加哥队和波士顿队。很明显，球队和球迷在不同城市之间往返只能坐火车。事实上，大联盟的地域范围就是由铁路决定的。几十年来，大联盟最西边的球队一直是圣路易斯红雀队，因为它所在的城市就在从东海岸乘夜车所能抵达的最西边。漫长的铁路旅行成为棒球运动员生活的一大特色，经年累月，逐渐形成了一种完整的火车生活文化——包括许多恶作剧。20世纪50年代乘飞机旅行普及之后，大联盟才扩展到中西部以外的地区，比如道奇队就因此从布鲁克林迁到了洛杉矶。

铁路也推动了美国其他体育项目的发展。第一次世界大战后，当美国篮球和美式橄榄球成立职业联赛时，铁路帮它们扩大了地域范围。一直以来，大学的橄榄球队都会搭火车去参加与当地竞争对手的重要比赛，而新英格兰的主要铁路公司（纽黑文铁路公司）每年还会开设从纽黑文到波士顿的专列，以方便耶鲁大学和哈佛大学之间的比赛。到20世纪50年代，高尔夫比赛也吸引了大量观众搭乘火车，当时像本·霍根和鲍比·琼斯这样的明星球员也不例外。

更意想不到的，很可能是铁路引发了文化活动的大幅增加。在英国，有些剧团的成立只是为了一次巡演，他们辗转到全国各地的不同场馆，每次演出为期一周。到了周日，演员和全部后勤人员会带上所有道具和服装，从一个城市转移到另一个城市。铁路公司一开始迫于宗教组织的压力，不愿意在安息日开设班次，特别是在早上，因为这很可能与更多宗教活动发生冲突，但他们的态度逐渐缓和，先是开设了有限但充足的班次，后来还为剧团的出行提供了专列。这是一笔大生意。到19世纪末，英格兰和威尔士平均每周有142趟周日剧团专列，载着数百名演员和后勤人员及时赶往下一站，为周一晚上的演出做准备。对伦敦的剧院来说，铁路也发挥了巨大的促进作用。通勤人员，尤其是住在不断扩大、轨道交通便利的伦敦南部郊区的那些人，周末可以凭季票到城里看戏，然后搭最后一班火车回家。由于观众人数大量增加，剧院可以延长演出时间，并用得起更昂贵的布景。其他拥有郊区轨道交通网络的英国城市，如曼彻斯特和格拉斯哥，也变成了文化中心，原因同样是交通条件改善后，人们可以搭乘火车前往剧院并在深夜及时回家。

下页图
铁路大力促进了体育产业的发展，因为它能使1832年成立的印度巡回板球球队这样的客场球队来到图中的维多利亚车站，通过长途旅行参加比赛。

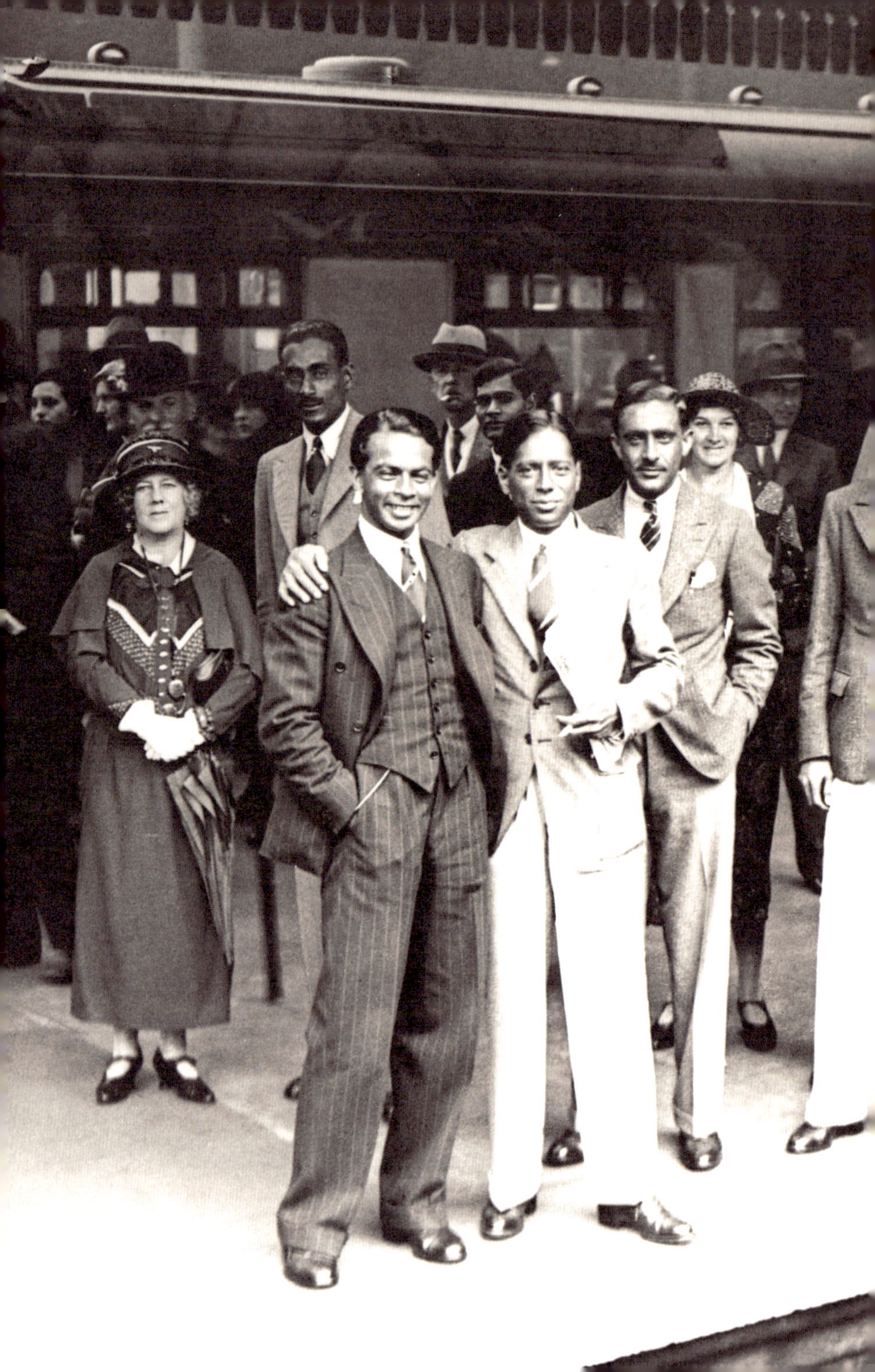

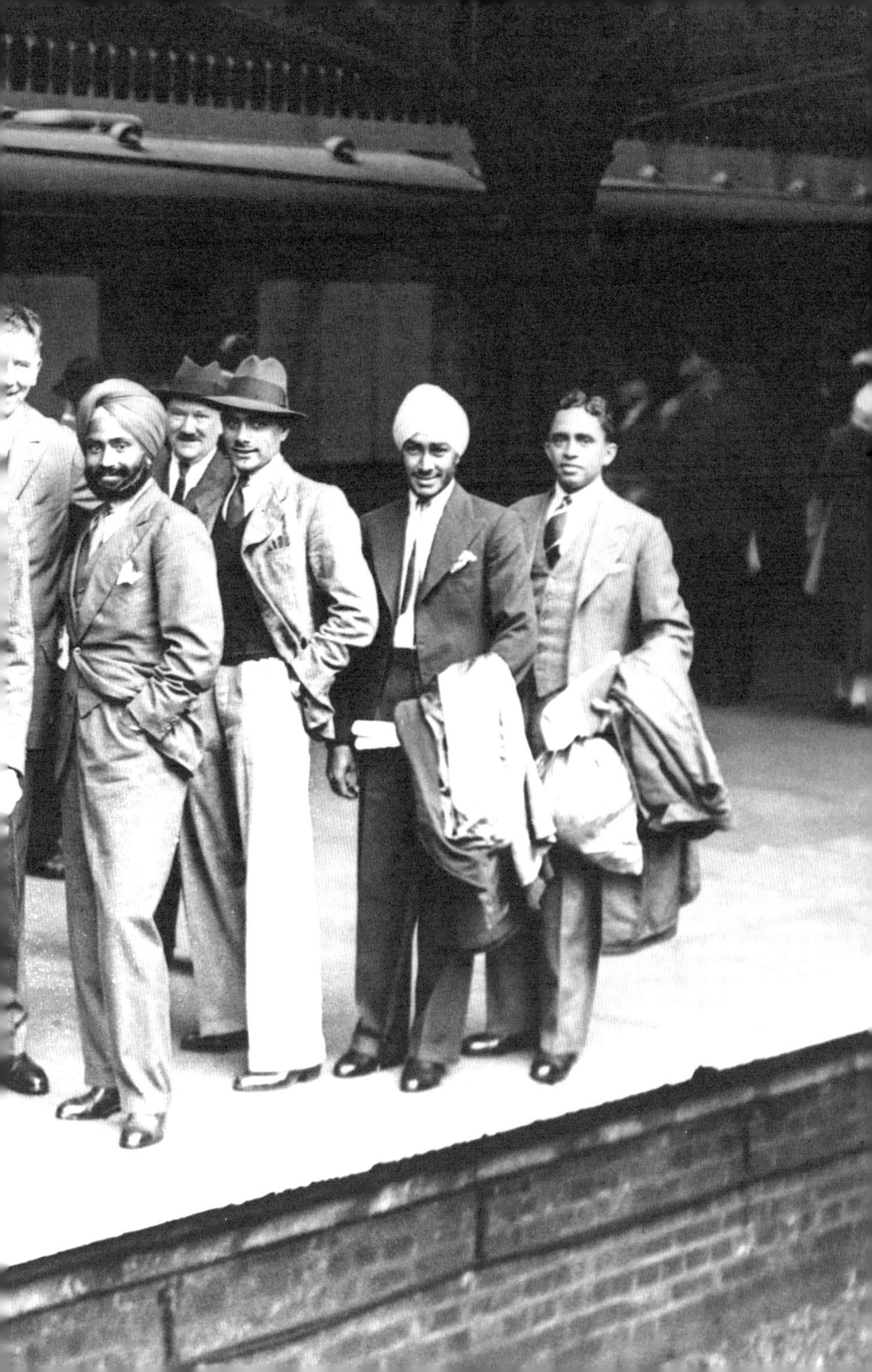

这种新的交通方式也影响着英国音乐界。在威尔士，国家艺术节因铁路变成了一项公众活动，威尔士的合唱传统也随之得以传播和巩固。世界博览会时建造的水晶宫后来被移至伦敦南部，成了英国最大的音乐会场馆。1859年6月，水晶宫重新开放5年后，在纪念作曲家亨德尔逝世100周年的音乐会上，81000名观众聆听了由2700人合唱的《弥赛亚》。为了满足这里巨大的客流量，铁路公司还专门建造了两座服务于水晶宫的车站；每张纸质的音乐会节目单上，都印有适合返程的旅客列车时刻表，这也可以表明铁路和此类音乐会的密切关系。

在娱乐消遣领域，铁路面临的最大难题可能是运送整个马戏团。铁路的开通使马戏团有了全国巡演的条件，但运送马戏团非常麻烦，需要为驯兽师提供特殊的车厢，让他们把狮子和大象等动物安安稳稳地哄上火车。马戏团列车起源于美国。在19世纪50年代，铁路成了某些马戏团从一个演出地点转到下一个演出地点的最佳交通方式。不久，为了方便到更远的地方演出，他们采用了带有可调节车轴的特殊列车，以应付美国各地不同的轨距。19世纪70年代，玲玲马戏团成为第一个在火车上完成全部表演（包括动物及其他节目）的马戏团，并自称"铁路秀场"。1869年，美国的横贯大陆铁路开通。1873年，W.W.科尔著名的纽约和新奥尔良马戏团成为第一个利用该路线的马戏团，并使用一列带有35节车厢的火车在西海岸巡回演出，行程将近10000英里（16093公里）。

大约在1869年,第一条横贯大陆铁路的建筑工人聚集在"朱庇特号"机车周围。

  这些马戏团列车本身就引人瞩目,而且在很大程度上也是对表演的一种宣传。它们通常包括两节完整的火车,以军事行动般的精准度进行装卸:"滑道搭在动物车厢的门上,方便卸下驮行李的马(役马)、大象、斑马和骆驼。不到一个小时,马戏团列车的第一节就卸完了,第二节也已经开始卸货。"[8]很多人会来车站观看这一复杂的卸货过程。

  运送马戏团始终是一项艰巨的任务,马戏团列车也遭遇过几次严重的事故。因为载着这么多可燃材料,火灾不仅难以避免,而且经常发生。大多数火灾只造成了财产损失,但也有几起事故

改变世界 67

导致了人员死亡。死亡人数最多的一次，是在1918年6月印第安纳州的哈蒙德，当时，一列空的军用列车因为司机在途中打瞌睡，撞上了哈根贝克－华莱士马戏团的火车。随后，马戏团火车的油灯引燃了木质车厢，大火导致86人和许多马戏团动物死亡，另有127人受伤。

  美国马戏团的火车甚至还到过英国。玲玲马戏团1898年到1902年在欧洲巡演期间，使用了4列火车，每列火车有17节车厢，这些车厢都是在特伦特河畔斯托克市专门打造的。后来，水牛比

在20世纪60年代以前的英国和2017年前的美国，像玲玲马戏团（如下图所示）这样的马戏团都利用火车来转场。

尔的狂野西部巡演也用了相同的运载工具，他的巡演在英国持续了3年。相较之下，英国的马戏团更倾向于在固定场所表演。直至20世纪30年代，伦敦一家马戏团的老板伯特伦·米尔斯才决定通过铁路巡演，他动用了多列火车，车厢总数多达75节。然而，无论对铁路公司还是马戏团来说，这次巡演都不算成功，到第二次世界大战爆发前，这些火车就被遗弃了。而作为后起的马戏团，玲玲马戏团在19世纪70年代就开始把铁路作为主要的交通工具，在2017年5月以前，它一直通过火车在美国各地巡演。

* * *

搭乘火车的不仅仅是活人。那些客死异乡的人,棺材通常也会被装上货运列车运回。这种现象非常普遍,大型站点甚至产生了专门拉棺材的推车。不过,运送死人是一笔好生意。1854年,名字十分好懂的伦敦墓地铁路公司开始营业,它的乘客是刚死的人和送葬的人,目的则是用火车将其送到距伦敦市中心25英里(40公里)的萨里郡布鲁克伍德新开的墓园。它的姐妹公司伦敦墓地公司,早在1848年至1849年致命的霍乱疫情之后,就从稀缺的墓地中嗅到了潜在的商机。不过该公司也意识到,它需要给新开辟的巨大墓地配备交通工具,这些墓地宣称,其规模之大,足以安顿伦敦未来几个世纪的所有亡人。*为了保护送葬者的隐私,新近开放的滑铁卢车站旁边建起了一个新的车站,车站里有许多私人包间,可供送葬者候车之用。这项业务迅速扩大,不同的宗教教派及三个不同阶级的死者都由不同火车运送。这些火车被铁路工人称为"亡人快车",一次最多可运载48具尸体。在布鲁克伍德,英国圣公会教徒和非国教教徒分设不同的车站,后者不得不在墓地北侧较冷的区域安葬。虽然该公司对前景的估计过于乐观,也从未建立起它想要的统治地位,但这项服务一直持续到第二次世界大战,当时由于德国空军的空袭,直到1902年才迁至滑铁卢车站威斯敏斯特桥一侧的墓地车站遭到了严重破坏。

---

* 其实,我母亲1999年去世后就葬在里面小小的瑞典墓区。

中下层阶级死后的归宿是布鲁克伍德，而显要人物最后的旅程则豪华得多。用铁路为首相和皇室成员送葬的传统其实已经持续了一个多世纪。1852年9月，威灵顿公爵在肯特郡的沃尔默城堡逝世，他生前不喜欢搭乘火车，但除了用火车将他的遗体从肯特郡海岸运到伦敦之外，别无他法。遗体由当地的东南铁路公司承运，目的地是圣保罗大教堂，运输场面热闹非常。113年后，温斯顿·丘吉尔爵士在圣保罗大教堂的葬礼结束后，人们还要将其送往牛津郡的汉伯勒，这里离他最终的安息地布拉顿（位于布伦海姆附近）不远。丘吉尔的送葬火车还另有种威风，即负责牵引的火车头与丘吉尔同名，而它还是不列颠战役型机车中的一台。

4

★ ★ ☆ ★ ★

国家构建

铁路的出现不仅使个人的生活发生了诸多变化,还从根本上引发了社会变革,特别是它强化了民族国家的概念,使更长期、更血腥的战争成为可能,同时它还扩大了资本主义的范围和影响。

比利时的统治者率先意识到了铁路在统一国家方面的潜力。1830年,荷兰南部主要的天主教省份成功脱离以新教为主的周边省份,成立比利时王国。不可避免的是,它的交通网极其不完善,因为这些交通网原本就不是按一个独立国家的需求来设计的。比利时的铁路虽然由私营企业建造,但却是由国家规划且归国有的,而且它与许多铁路一样,设计时还考虑到了军事的需要。

比利时与荷兰分离以后,失去了主要的水道,因为这是交通系统的命脉,所以一旦发生冲突,这个新生的国家就有可能遭到封锁。德国是比利时主要的贸易伙伴,在此之前,比利时地区有水道与莱茵河相连,但如今则需要另寻他法。1834年,比利时第一任国王利奥波德一世批准了建设铁路网的计划,沟通布鲁塞尔和梅赫伦的首条线路次年即告竣工。有了政府对铁路建设的大力支持,大可以忽视那些棘手的地主的抗议,到1843年,东西线和南北线两条主要线路完工,并在布鲁塞尔交会成十字形。当时得益于煤矿众多,比利时已经实现了高度工业化,考虑到它的国土面积,它所拥有的铁路网密度堪称全世界最高。比利时于1830年爆发革命,10月4日宣布独立,而这些铁路在巩固国家统一方面发挥了关键作用。就像这个国家的建国史所言:"没有革命,铁路就不会出现;没有铁路,革命就会受到影响。"[1]

因此，比利时成为第一个由铁路系统联结的国家，但在许多其他国家，特别是意大利和德国，铁路也起到了相同的作用。在这里，铁路和国家建设之间也存在一种共生关系，双方难分因果。在19世纪50年代和60年代，意大利——或者说亚平宁半岛当时四分五裂的各公国——经济落后，大部分是农村，在接受火车时代方面进展缓慢。到1860年，意大利的铁路线只有1500英里（2400公里），远少于其他西欧国家。1859年，为反抗奥地利帝国的统治，意大利爆发了第二次独立战争，由此开启了意大利的统一进程。1866年，意大利与奥地利之间的冲突加剧，进一步加速了这一统一进程。但直到1870年，意大利才最终实现统一。为了刺激工业发

1835年5月，比利时第一列火车从布鲁塞尔驶向梅赫伦，该幅水彩画庆祝的正是这一事件。

展，同时也为了团结整个国家，新生的意大利王国从立国之初，就将铁路建设作为一项关键政策。尽管在一系列漫长的战争之后资金短缺，但统一的意大利在建国后的前5年里，还是修建了1200英里（1900公里）的新铁路，除了人烟稀少的南部城市，人们首次可以搭乘火车在亚平宁半岛所有主要城市之间旅行。与比利时一样，意大利的铁路网建设也是一个由政府资助的项目。新生的意大利重视发展高效的运输系统，这表现在另一项举措上——意大利的铁路被国有化了，它们全部并入四大铁路公司，收受国家补贴，为股东提供可靠的回报率。苏珊·阿什利是一位研究19世纪意大利政治的历史学家，关于铁路在新生但一穷二白的意大利的中心地位，她精辟地总结道："统一后的意大利新政府无力负担建造和经营铁路的花

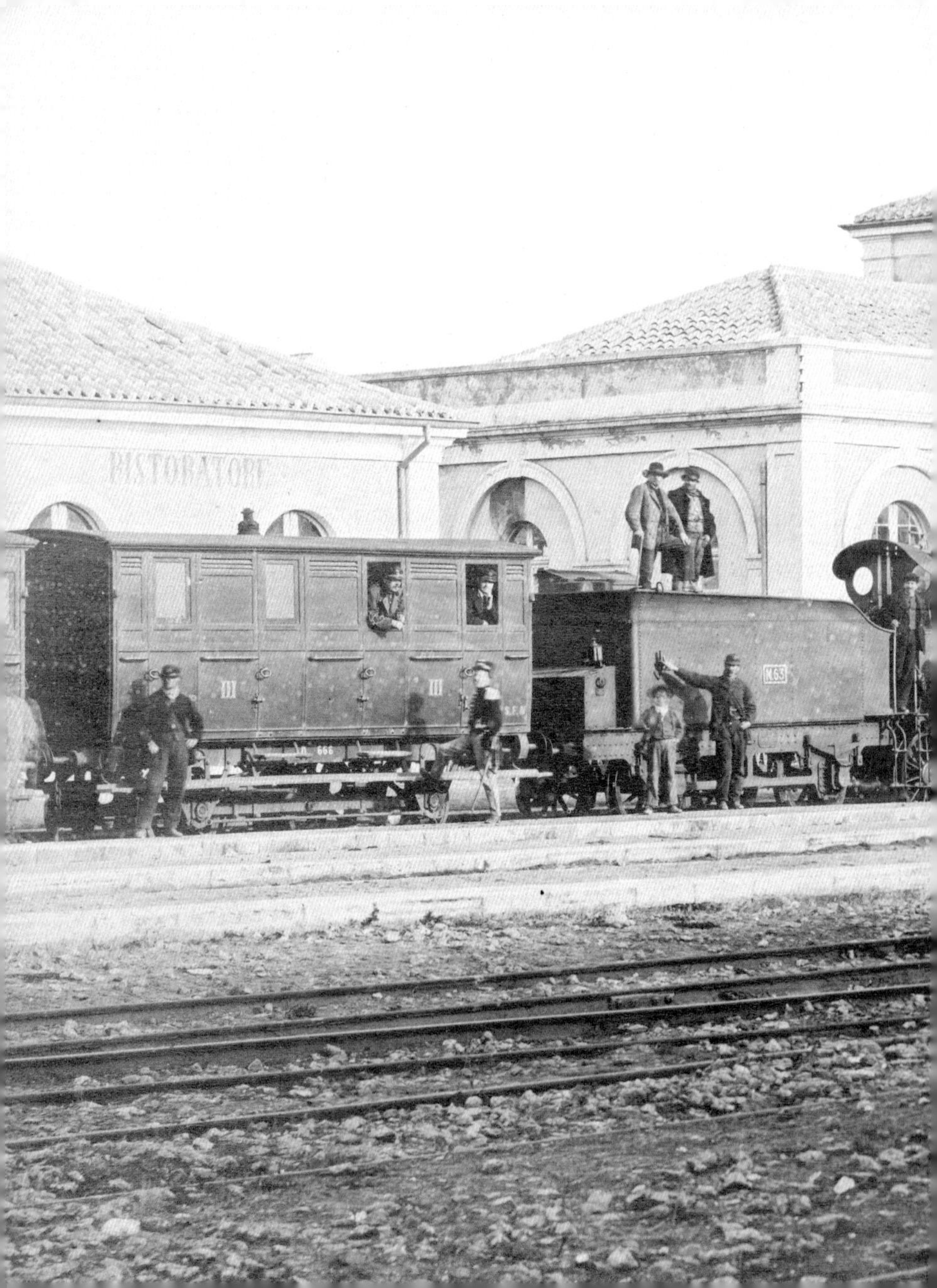
RISTORATORE
III
III
M.63

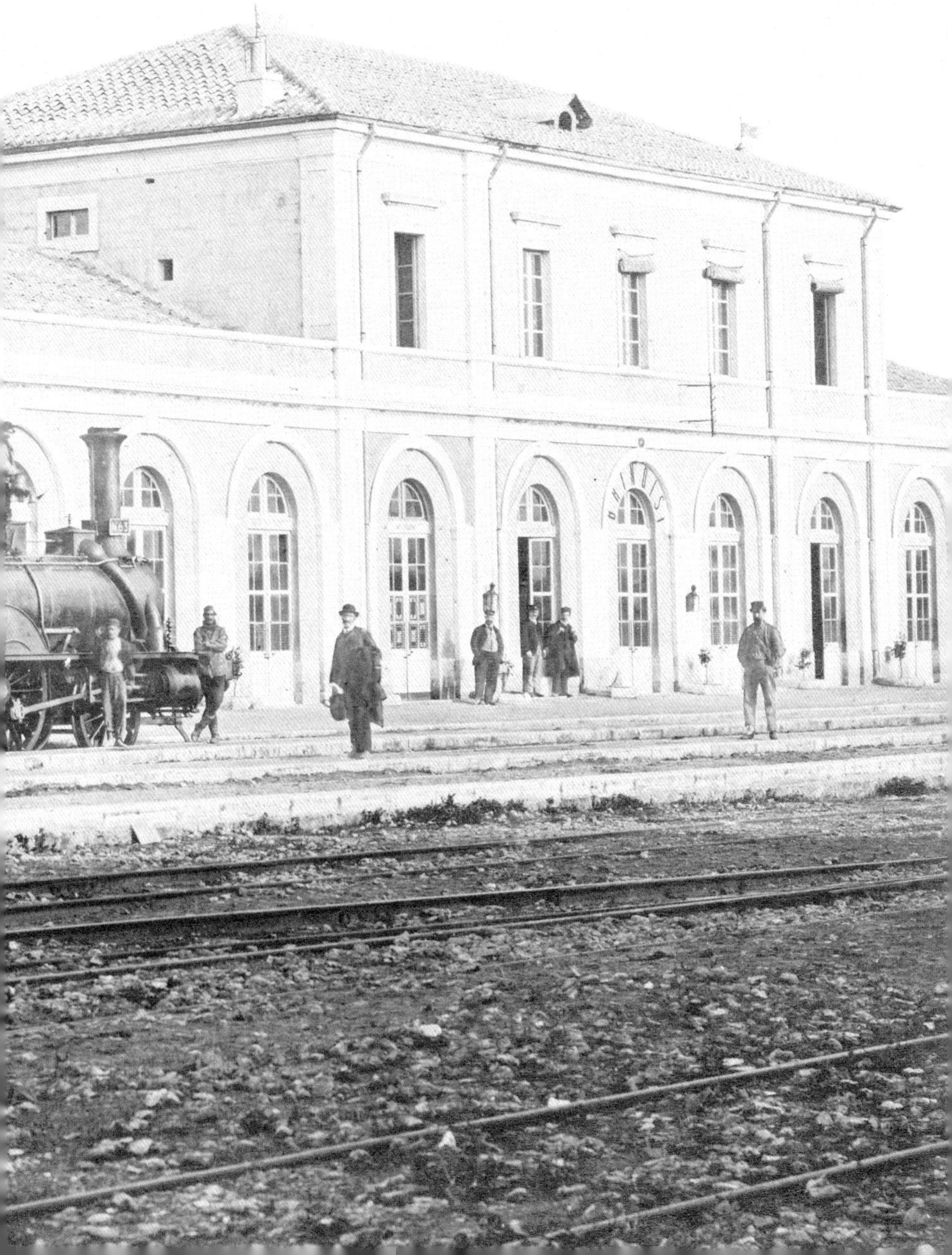

费,但也承受不起不建造和经营铁路的代价。"[2]

在德国,或者说在1871年德国统一前占主导地位的普鲁士,建立铁路网更直接的动力是军事需求。普鲁士陆军参谋长赫尔穆特·冯·毛奇被公认为一位伟大的军事家,也是最早理解铁路对战争的重要性的人之一。早在1843年,他就写了一篇文章赞颂铁路所具有的战备优势:"每一条新铁路的建设都是对军事的助益,而对于国防来说,花几百万元来完善铁路网要比建造新的军事要塞有用得多。"[3] 英国人也很快意识到了这一点。1857年,印度兵变(印度人称之为反英大起义)爆发后,英国政府没有在各大城市斥巨资建造大型兵营,而是加快了铁路建设计划,以便更经济便捷地调动军队镇压这片次大陆上的叛乱。

在普鲁士,铁路的系统布局是为了给战争做准备,尤其是与邻居法国的战争。新线路的路径选择往往取决于军方的需求,但军方在与民政官员和私营铁路公司的博弈中并不总能占上风,因为后者热衷于建造既有社会价值又有商业价值的铁路。例如,军事顾问总是力争把铁路建在军事要塞的保护范围内(这是中世纪和现代军事战略中一个非常奇怪的共同点),并设法保证铁路位于河流或运河的另一边,也就是距离可能的入侵者较远的一边,这大概并不符合铁路在商业用途上的优先次序。根据军方的建议,普鲁士建造了许多铁路,以加强快速向西部调兵的能力。法国的

上页图
1866年,意大利布林迪西,一座经典的车站建筑,里面有一个
候车室、一个餐厅(可能服务于两个阶层)和许多其他设施。

铁路以巴黎为中心，呈扇形向外辐射，但德国的铁路系统却不同，它并不以某个特定的城市为中心，而是形成了一个相对均衡的网络，使主要大城市之间的交通都很便利。在1870年至1871年的普法战争和第一次世界大战中，这将起到至关重要的作用。

* * *

美国和加拿大横贯大陆铁路的建设，可谓国家建设铁路的范例，更确切地说，是巩固拥有广大地理区域的联邦制国家的范例。在1861年至1865年的内战发生之前，美国的铁路一直局限于东部地区，这部分是因为芝加哥和圣路易斯以西的移民人口仍然很少，但也有部分原因在于西部许多地区还没有成为美国的一部分。

美国第一条横贯大陆铁路的建设酝酿了很长时间。这一设想最早出现于19世纪50年代，是截至当时世界上最宏大的基础设施建设项目。在多年的讨论之后，林肯总统于1862年7月签署《太平洋铁路法案》，赋予其法律效力，当时南北战争正在进行中。该法案之所以能在国会通过，得益于南方政客的缺席，他们所在的州已经脱离联邦，组成了"南方同盟"，而在此之前，他们为保证横贯大陆铁路经过自己所在地区所下的功夫，使得这一政治决议迁延日久。该项目与很多重大的铁路项目一样，也是因为一位异常执着甚至狂热的有识之士的努力，才得以完成。西奥多·朱达是一个牧师的儿子，也是一位经验丰富的铁路工程师。他曾协助美国东部和西部的铁路建设：不仅在加利福尼亚州设计过早期的

国家构建　81

铁路线，在回到华盛顿后，还成功地游说国会和亚伯拉罕·林肯总统通过立法，为横贯大陆铁路的建设提供了大笔资金支持。

在修建横贯大陆铁路之前，美国东西部之间最快捷的交通路线是乘船从加利福尼亚州南下，沿墨西哥海岸到达中美洲，从陆路穿过巴拿马地峡，然后再搭船穿越加勒比海，最终抵达美国东部海岸。这条连接东西海岸的新铁路将为整个大陆的发展带来新的机遇，不仅会改变美国的制造业和经济，还能为成千上万人探索和定居美国本土西部创造条件。出人意料的是，可怜的朱达没能看到这条铁路的完工，因为他在经巴拿马从西部到东部的漫长旅途中感染热病，1863年11月就与世长辞了。

如果要完成这条铁路，就需要新建一条1800英里（2900公里）的轨道，将东部已有的线路与加利福尼亚海岸连接起来。建设任务由两家不同的公司承担：联合太平洋铁路公司和中央太平洋铁路公司。奇怪的是，虽然后者名为"中央"，1863年1月8日动工之后，它负责的却是从加利福尼亚的萨克拉门托开始的西段，而联合太平洋公司则负责从艾奥瓦州的康瑟尔布拉夫斯向西施工。从许多方面看，横贯大陆铁路的建设都是一项壮举，彰显着这个新生国家的开拓精神：尽管面临极端的天气条件、山区和沙漠复杂的地形以及劳动力短缺等问题，工人们还是在短短7年内就完成了任务。不过，横贯大陆铁路也暴露了美国快速发展中某些最恶劣的问题：许多铁路公司的董事和经理通过制度性腐败发家致富；铁路建设离不开对美国原住民土地的非法侵占，建设过程中出现了许多违背协议和承诺的现象。此外,这种土地掠夺不仅发生在铁路沿线,还涉及作为补贴分配给两家公司的数十万英亩土地。事实上,尽管横贯大陆铁路表面上是由私营企业操持的,但它所有的资金都来源于政府——或直接通过补贴(额度依地形复杂程度而定),或通过慷慨的土地赠予。

这项宏伟的计划最奇怪的地方在于,没有人能说清楚为什么要建造这样一条铁路,以及它为什么值得政府投入数百万美元的资助。从某种程度上来说,建造横贯大陆铁路就像攀登珠峰或者探索南极一样,只是一个需要完成的挑战。因为有了成熟的铁路建造技术这个现实条件,所以这条铁路的建造势在必行。当然还有一些表面原因,例如向亚洲开放市场和应对早期定居者所谓的"印第安人威胁"。然而,最说得通的动机却是"西部开发"的想法,为此需要能获取当地自然资源的途径;人们天真地认为这里土地富饶,开发它是美国的一项天命。但事实上,这里气候恶劣,林木匮乏(因此缺乏建造房屋和篱笆的木材),意味着早期定居者很难开辟可用的农场。1869年,该线路建成,不过最初它的利用率很低,乘客寥寥,也没有多少货物运输业务。

虽然这条线路的建造动机相当模糊,但它的建成终将产生深远的影响。横贯大陆铁路通车后,人们可以更方便地去往加利福尼亚州和西部其他州,人口和经济活动因此大规模向西部转移——

下页图
联合太平洋铁路公司的一辆工程列车,工人们正在建造美国第一条横贯大陆铁路,该铁路于1869年开通。

国家构建　83

UNION PACIFIC CO

RUCTION TRAIN 1868

这是现代美国建设过程中一个极其重要的中转站。虽然横贯大陆铁路在早期利用率低，但不少铁路企业家都看到了西部开发的巨大经济潜力，其他横贯大陆铁路也很快开始动工建设。其中，南太平洋铁路和北太平洋铁路都在1883年开通，前者的终点站洛杉矶当时还只是南加利福尼亚州的一个小镇，后者的终点站则是西雅图。到19世纪末，美国已有不少于5条横贯大陆铁路，它们将中西部或南部与太平洋连接了起来。除了大北方铁路（由杰出的铁路大亨、独眼的拓荒者詹姆斯·J.希尔建造）之外，所有这些线路的建设都得益于政府慷慨划拨的土地。很快，政府又通过补贴和资助等激励举措引来了移民，确保了这些铁路的良性运转。

  这项杰出工程在增强美国的凝聚力方面所发挥的作用，即使在今天仍具有重大的象征意义。1869年，横贯大陆铁路竣工被视为美国历史的一个转折点。犹他州的普罗蒙特里峰，即联合太平洋铁路和中央太平洋铁路的交会处，已经成为某种意义上的圣地和美式团结的象征。遗憾的是，普罗蒙特里峰现在已经不在这条线路上了。1885年，南太平洋铁路公司接管了中央太平洋铁路公司的业务。到20世纪初，该公司将横贯大陆铁路改道至一条弯道更少、速度更快的路线上，完全绕过了普罗蒙特里峰。在本书的编写过程中，恰逢第一条横贯大陆铁路建成150周年纪念日，美国各地广泛庆祝，并发行了一套纪念邮票。*奇怪的是，"横贯大陆"这个名字有点儿名

---

* 事实上，就在我写这部分的时候，为全美在校学生提供阅读服务的新闻媒体News-O-Matic联系了我，想邀请我就第一条横贯大陆铁路做一次采访。

不副实，因为美国从来没有常设一列从东海岸到西海岸的直达列车，*没有一家公司控制过整条线路：从东部来的火车一般会开到芝加哥或者圣路易斯，然后由另一家公司的火车开往西部。

* * *

当时还是英国殖民地的加拿大，也决心效仿其南部邻国，建造一条横贯大陆的铁路。虽然开采矿产和发展农业等商业考量是很重要的刺激因素，但更重要的还是国家构建，因为最西边的不列颠哥伦比亚省正扬言要独立。19世纪70年代初，不列颠哥伦比亚省当局提出，如果加拿大建造一条横贯大陆的铁路，它就归入加拿大版图，而不是加入美国。美国当时刚从俄罗斯手里得到阿拉斯加，很乐意将自己的新领土向南扩展。加拿大第一条横贯大陆铁路的建设可能没有其南部邻国的首条线路那样引人瞩目，但相比它的前辈，它更能称得上是一项工程壮举。同样，该项目背后也有一个巨人——"巨人"既是字面意义上的，又是象征意义上的。这就是威廉·科尼利厄斯·范·霍恩，他所在的加拿大太平洋铁路公司（所有早期横贯大陆的铁路公司名字里都包含海洋，这似乎是一种时尚）建造了这条线路。范·霍恩出生于伊利诺伊州，是一个身材矮胖、力大无穷的家伙，还喜欢与工人们比赛掰手腕。这条铁路途经地区的地形比美国那条线路复杂得多，为了

---

* 1993年至2005年除外，当时因卡特里娜飓风对新奥尔良造成的破坏，美国铁路公司将"日落号"列车暂时改道至佛罗里达州的杰克逊维尔。

国家构建 87

完成建设任务，他不分昼夜地工作。这条长达2700英里（4345公里）的铁路要从安大略省的发达地区通向太平洋，就必须穿越不列颠哥伦比亚省的塞尔扣克山脉和加拿大的落基山脉。相比南部邻国第一条横贯大陆铁路建造时，工人们此时甚至要忍受更恶劣的天气条件。范·霍恩曾经不顾劝阻，大胆走过160英尺（50米）深的峡谷上方摇摇欲坠的栈桥，他对工人的安全与福祉几乎也不管不顾，他手下有800多人都因缺乏基本安全措施而丧生。由于成本高于预期，经常出现财政困难，施工进度一再延误，这条铁路直到1885年才竣工，这时距开工已经过去了13年。

又过了30年，加拿大第二条横贯大陆铁路才建成。顾名思义，加拿大北方铁路走的是一条穿越山区的路线，位置更偏北。虽然加拿大修建太平洋铁路的主要目的是团结整个国家，但第二条线路建设的初衷却是吸引人们到萨斯喀彻温省潜力无限的麦田上定居，同时将收获的粮食运往东部。加拿大的第三条横贯大陆铁路，即大干线太平洋铁路，竣工于第一次世界大战期间，但却略显多余。至此，北美大陆已有8条横贯大陆铁路，数量惊人。在与东亚贸易的推动下，其中大部分铁路作为重要的货运路线一直沿用至今。

如果没有这些横跨北美大陆的铁路，今天的国界线看起来很可能会非常不同。例如，美国境内很可能会有一个叫不列颠哥伦比亚的州（或者叫哥伦比亚州）；也可能出现某个独立国家，拥有从墨西哥边境到阿拉斯加的漫长海岸线，就像智利一样；或者，美国现在还会有50个州吗？

* * *

在美国第一条横贯大陆铁路建成几十年后，俄罗斯帝国开始了一个更宏大的项目，以期加强核心城镇与境内最偏远地区的交通联系。这就是西伯利亚大铁路，其中包括一条通往太平洋沿岸港口城市符拉迪沃斯托克（海参崴）的支线，该线路将使俄罗斯帝国原有的铁路网增加近5000英里（8000公里）。俄罗斯帝国进入铁路时代的时间相对较晚，在扩大铁路网方面也进展缓慢，完全不能满足这样一个地广人稀的大国（它的人口密度只相当于英国的二十分之一）的需要。再加上这个巨大的国家刚刚开始工业化进程，建造这条铁路额外需要的轨道长度是加拿大太平洋铁路的两倍，是美国第一条横贯大陆铁路的3倍，所以就使得这个世界上最宏伟的铁路项目举步维艰。

与其他横贯大陆铁路一样，西伯利亚大铁路背后的建造动机也引起了激烈的争论，但总的来说，其主要动力是国家构建的需要和俄罗斯帝国的扩张主义传统。这一次，大铁路背后的主要人物是谢尔盖·维特，他曾是帝国的交通大臣，后来则变成了一个政治家。1892年就任俄罗斯帝国财政大臣的维特认为，西伯利亚大铁路的建设对国家至关重要，而且从长远来看，对西伯利亚和整个国家都会产生巨大的经济效益。这个项目其实已经在政府内部讨论了几十年，为了推动项目进展，维特强调了他所认为的优势条件。这条线路可以用来运输广大地区的粮食、木材和矿物，还能强化内陆与太平洋地区的联系。从更大的层面来说，维特认为大铁路是俄罗斯帝国经济快速发展的催化剂。西伯利亚大铁路的建设将刺激重型冶金工业的发展，而该国在这方面拥有丰富的资源。反过来，俄罗斯帝国的经济发展，也有助于他大力支持的君主制抵御常在地表之下暗涌的革命力量。因此他认为，有了这条铁路，俄罗斯帝国便可跻身法国和英国所在的欧洲大国行列，而不再被视作不发达的落后地区。

然而，最重要的还是军事因素。加拿大横贯大陆铁路的完工和巴拿马运河项目的启动，让俄罗斯帝国的统治者担心国家的领土完整会受到威胁。沙皇亚历山大三世最终决定批准该项目，他相信这条铁路将连接西伯利亚这一大多数俄罗斯人从未涉足的偏远地区，国家的边界会因此更加安全。1890年，他刻意做了一个象征性的举动，派他的儿子，即后来成为末代沙皇的尼古拉二世，前往俄罗斯远东地区的符拉迪沃斯托克，在铁路的奠基仪式上放下了第一块石头。

军方对该项目的支持不仅仅是基于防御性考虑。通过该线路，俄罗斯帝国的军队能够更好地保卫西伯利亚，抵御来自南方或海洋的潜在入侵者，但军方也很清楚，这条线路的建设同时为他们提供了扩大俄罗斯领土的机会。实际上，当时中国的清政府非常孱弱，俄罗斯帝国迫使其签订了一系列不平等条约，使得西伯利亚大铁路起始线路中很长的一段能够穿过中国东北的满洲里，为此节省了大约600英里（950公里）的路程。然而，另一个大国日本却认为这一举动不怀好意。后来，日本担心其在东亚的势力范围会受到侵犯，于1904年至1905年发动日俄战争，并取得了胜利。

西伯利亚大铁路的建设是一项了不起的成就，它于1891年动工，大部分路段都在开工后的10年内完成。这条铁路的建设工人所面临的困难数不胜数。西伯利亚不仅以寒冷著称，还是一大片不毛之地，除了流亡者和少数游牧部落的人，几乎没有人住在这里。这支多达8万人（最后算上劳役犯）的庞大劳工队伍，不得不从俄罗斯西部或更远的地方，例如伊朗，甚至意大利招募。这条线路还必须穿越大片荒无人烟的地区，沿途也没有任何可用于铁路建设的自然资源。该线路始于西伯利亚西部，起初一段的建设相对容易，寻找一条穿过乌拉尔山脉的通道也不是难事。但到线路中段，即鄂毕河和贝加尔湖之间，情况变得非常严峻，以至需要在沼泽地上铺设路堤。由于天气条件恶劣，一年中大概只有6个月可以施工，有时候这些困难看上去似乎难以克服，但由于国家不计成本，加上有一群信念极其坚定的工程师存在，从物资、地质到气候，各个方面的障碍最后都被克服了。在线路东部，以乌苏里江命名的路段因建得太靠近这条湍急的河流，不得不重建，而西伯利亚最湿润地区的大雨也造成了施工进度的进一步延误。

西伯利亚大铁路是分阶段开通的。最困难的路段，即穿越贝加尔湖南岸附近山脉的环贝加尔湖铁路，直到1904年10月才竣工，次年才完全开放。在此之前，乘客如果想去湖的另一边，就必须乘坐渡船或者在冬季湖面结冰时乘坐马拉雪橇。

这条线路建造得相当粗糙，早期事故频发，不过大多是小事故。然而日俄战争之后，俄罗斯帝国投入大量资金，将西伯利亚大铁路改建成了一条更快、更安全且更高效的铁路。环贝加尔湖铁路段包括200座桥梁和33条隧道，它的竣工使莫斯科至符拉迪沃斯托克终于有了直达列车。这条新线路很快就繁忙起来。到20世纪第一个10年结束时，已经有100万定居者随铁路来到西伯利亚，吸引他们的正是当地免费的土地，以及铁路沿线建起的一系列新的城镇和村庄。政府提供学校、教堂和住房，甚至还为那些没有教堂的偏远地区准备了一节铁路车厢，以做流动礼拜堂之用。即使在今天，西伯利亚的大部分人仍然生活在西伯利亚大铁路附近。

* * *

铁路不仅催生了强大的国家，而且在其诞生后引发的冲突中也发挥了关键作用。铁路第一次在战争中发挥重要作用，是在1854年爆发的克里米亚战争中，战争的对峙双方是英国、法国、奥斯曼帝国等盟国与俄罗斯帝国。这年秋天，英国军队在克里米亚半岛登陆时，对又湿又冷的作战环境毫无准备。这支3万人的军队唯一的补给线是一条陡峭而曲折的道路，位于英国船只登陆的巴拉克拉瓦港与被盟军围困的俄罗斯帝国的海军港口塞瓦斯托波尔之间。由于无法完成盟军交付的任务，英国军队很快（不可避免地）成了战争中无解的"瓶颈"。

由于克里米亚战争是最早被报纸详细报道并附有照片的战争

之一，因此英军的作战能力受制于恶劣的道路条件而大打折扣这件事，在英国国内引起了广泛关注。因此，辉格党议员塞缪尔·佩托（他曾在世界各地修建铁路）与一群铁路工程师联合提议，若在巴拉克拉瓦和塞瓦斯托波尔之间修一条铁路，将极大改善通往围攻地点的交通。政府很快采纳了这一建议，并派出一队经验丰富的工人到3000英里（4800公里）之外建造这条铁路。他们只用短短8周，就建好了雄心勃勃的"大克里米亚中央铁路"，这是一条拼凑而成、长达7英里（11公里）的线路，动力由马匹、机车和静态发动机提供，通往港口的斜坡地段则主要靠重力驱动。尽管如此，它还是不辱使命。1855年4月建成后，由于物资运输条件得到改善，更多的武器和人员能够迅速投入围城之战，同年9月，塞瓦斯托波尔即被攻陷。

尽管通过这一事件，军事战略家明白了铁路可以在战争的后勤保障中发挥关键作用，但明确标示着铁路将永远改变未来战争方式的，却是发生在1861年至1865年的美国内战。美国内战期间发生的战役多达400余场，也就是说，在这4年里，每4天就有一场战役发生在与欧洲面积相当的土地上。其中，许多战役都发生在人烟稀少的地方，这是因为当地通了铁路，方便外界进入。铁路在长距离运输兵员、军备和物资方面的能力，使现在的战争比几十年前的战争更血腥、持续时间更长、破坏性更大。纵观美国内

下页图
铁路在长达4年的美国内战中发挥了关键作用，当时，几乎所有战役都发生在车站或铁路交会处附近。1862年，第二次奔牛河之役还摧毁了附近马纳萨斯枢纽的车站。

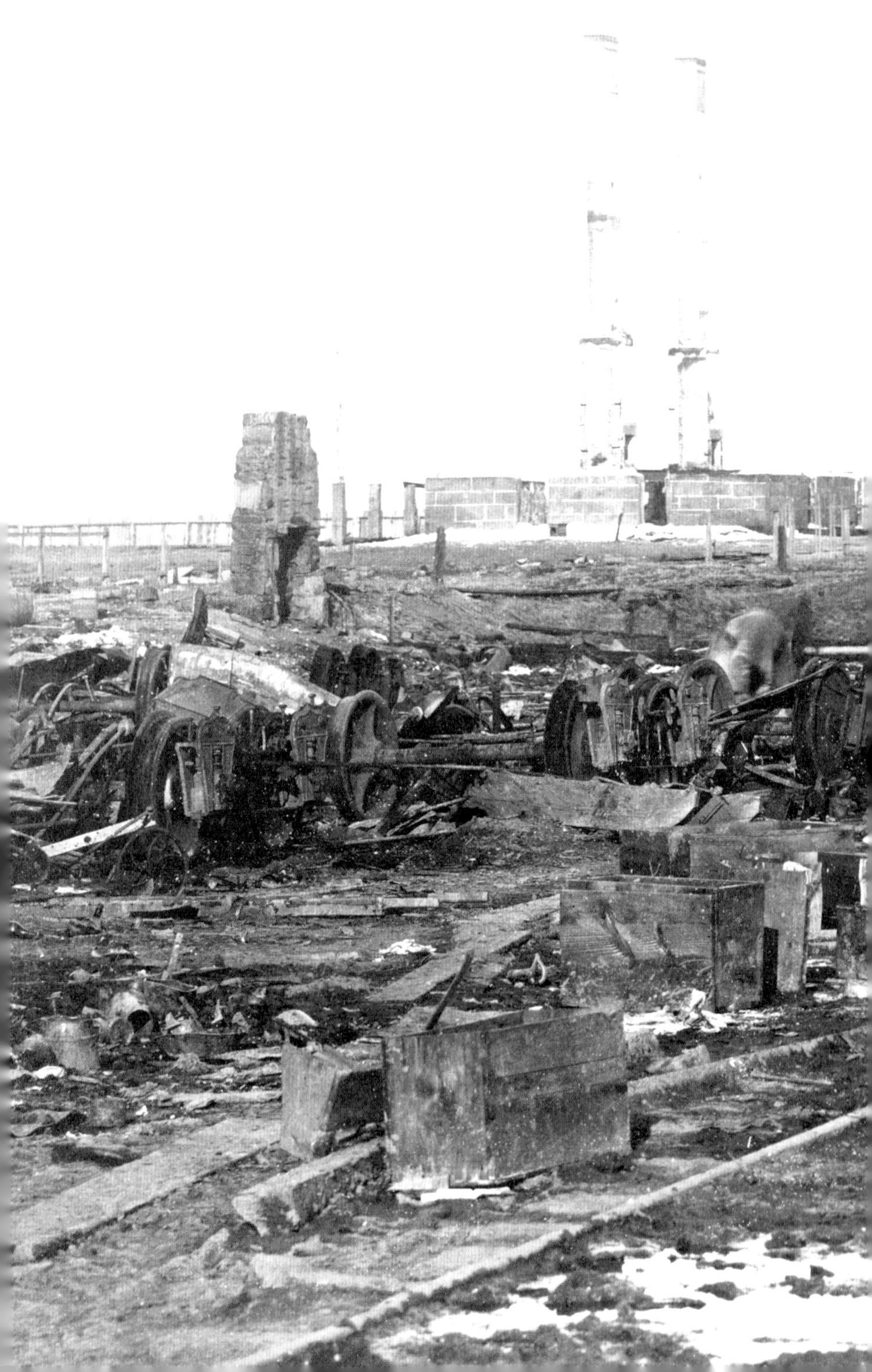

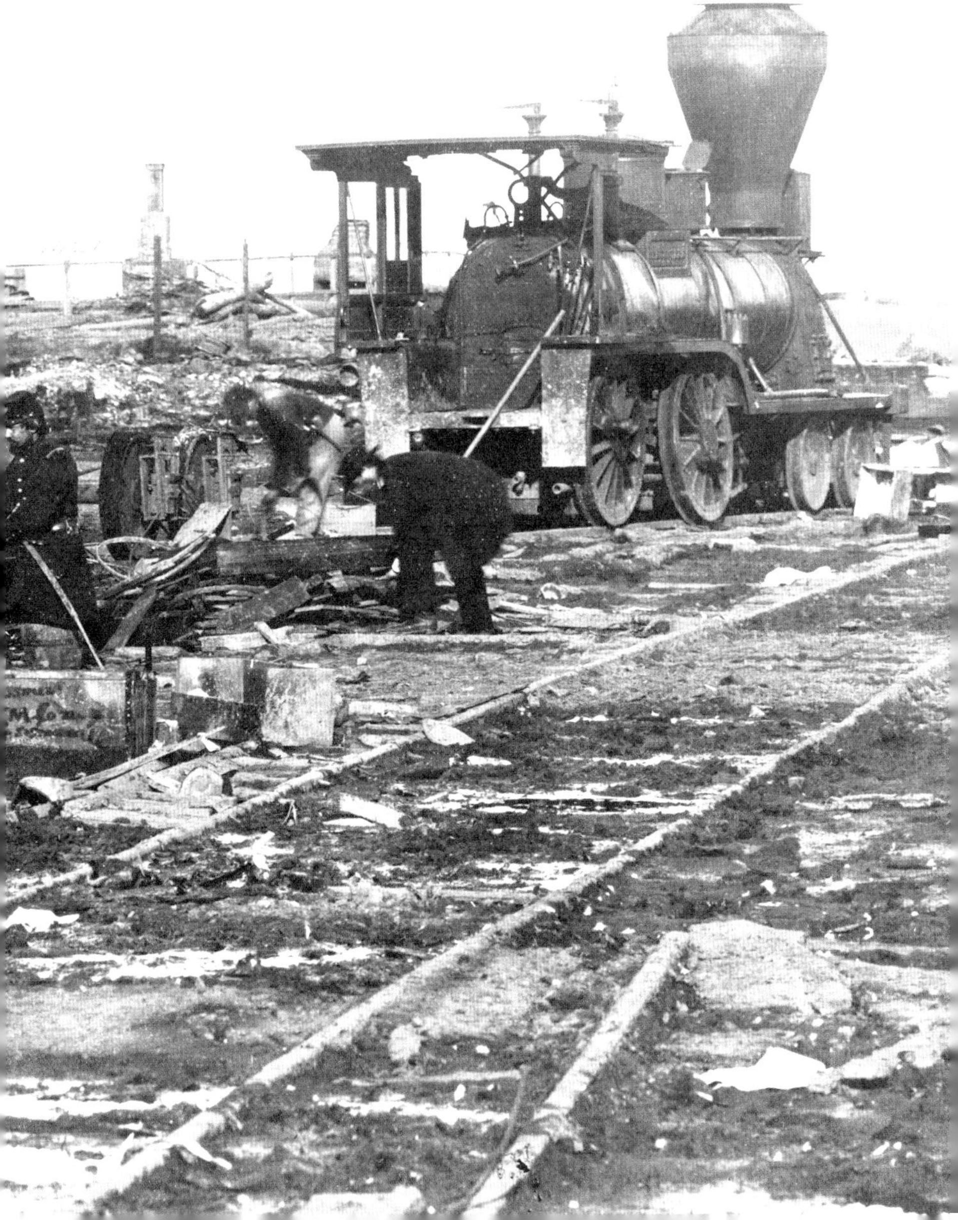

战，几乎所有关键战役都发生在铁路交会处或终点站附近。

战争一开始，交战双方就都认识到了铁路的重要性，但北方的铁路要比南方完善得多——这是南方联盟失败的一个关键因素。亚伯拉罕·林肯迅速将北方的铁路收归政府所有，使北方联邦拥有了决定性优势。1861年7月，南军在距华盛顿西南20英里（32公里）的弗吉尼亚州的奔牛河，取得了内战中第一场重大陆地战役的胜利，这要归功于他们借一条短小但具有重要战略意义的铁路线（马纳萨斯隘口铁路）为前线送来了生力军。战后，南军加长了这条铁路。然而，他们犯了一个错误，那就是没有接管南方的铁路公司，随着拥有这些铁路的私营公司坐地起价，他们的后勤保障受到了极大的牵制。

为了直接管理铁路线，联邦政府任命宾夕法尼亚州铁路公司的前总监赫尔曼·豪普特为主管，统领美国战争部新设立的一个办事处，负责建设和运营军用铁路，同时组织修复那些遭战争破坏的铁路。豪普特毕业于美国的西点军校，不仅在建造和维修铁路方面表现出色，还为战争期间铁路的运营制定了明确的规则。其中包括确保列车的运营和时刻表的制定均由铁路工人而非军队负责，货车快速卸货后能返回仓库重新装货。这些规定似乎都是老生常谈，但它们在美国内战和之后的战争中起到了至关重要的作用。

美国内战时期，修建铁路和破坏铁路耗费了双方军队的大部分精力。如果说南方取得内战中第一场战役的胜利要归功于铁路，那么北方联邦将军威廉·谢尔曼向东进行的最后一波扫荡——从田纳西州的查塔努加到佐治亚州的亚特兰大,也只有利用铁路作为关键的补给线才能实现。谢尔曼在其回忆录中说,如果没有铁路,就不可能发动像他对南方的最后一击那种规模的战役。当时,3条不同的铁路组成了一条长达500英里(800公里)的补给线,从肯塔基州的路易斯维尔一直延伸到亚特兰大,在他的部队过后,其中大部分都被破坏了。谢尔曼是个一丝不苟的人,他后来写道:"1864年,从5月1日到11月19日,这条铁路为一支有10万人和32000匹马的军队提供了196天的补给。"他接着比较了没有铁路的情况:"如果使用普通货车运送这么多的饲料和食物,就需要36800辆货车,每辆要配6头骡子……就该地区现有的道路状况来说,这是根本不可能实现的。"[4]

难怪许多目睹美国内战的欧洲观察员在离开后,都会散播这样的消息:铁路如今已是战争中的关键武器。事实证明,无论在美国内战还是未来一个世纪的战争中,豪普特制定的规则都对铁路的成功运营至关重要。其实,铁路在19世纪末的每一场重大战争中都扮演了关键角色,但在第一次世界大战中,它的力量和局限性才凸显出来。1914年8月战争爆发时,铁路正处于发展的巅峰时期,这不仅体现在铁路网的规模上,还体现在铁路几乎是当时运输货物和人员唯一有效的方式上——这是因为汽车(以及它们行驶的道路)仍然非常原始。美国内战结束后的半个世纪里,欧洲所有主要的铁路网都在不断扩张,而且人们越来越认识到,在未来所有的军事冲突中,铁路都是取胜的关键。特别是在德国,它们是战争动员计划的核心。1871年，德意志帝国实现国家一统，奥托·冯·俾斯麦成了首任宰相。1870年至1871年，他发动普法战争，并在战争中击败法国，铁路就在其中发挥了关键作用：他确保了将大部分私营铁路公司收归国有，这样在战争爆发时，就能合理调配、充分利用。

1905年，"施里芬计划"首次提出，此后每年更新，意在说明如何利用铁路入侵法国，并在40天内占领巴黎，确保法国早日投降。此后，德国完善了通往西部的铁路，但当该计划在1914年8月最终启动时，它在比利时遭到的阻力出人意料，铁路被炸毁，法国人在英国远征军的帮助下进行了顽强的抵抗和反击——意味着该计划的关键目标未能达成。随后，西线战事陷入僵局，并一直持续到战争末期，这完全是由铁路主导的后勤保障出现问题所致。迅速挖好的战壕通过战线后方几英里处（枪炮的射程之外）的主线铁路补给，再往后则由"野战铁路"负责战备物资供应，这些轨距为24英寸（61厘米）的短小线路很容易就能铺设在已经变成战场的土地上。这种补给系统虽然高效但很不灵活，不过由于没有足够的公路和强大的空军力量，也别无选择。所以，铁路既提升了军队的机动性，也成为其机动性继续提升的主要障碍。总而言之，在这场截至当时人类历史上最血腥、波及面最广的战争中，铁路正是战争策略的决定性因素。因此到1918年11月，《贡比涅森林停战协定》的签订地点选在贡比涅森林的一节铁路车厢里，可以说再合适不过了。

5

★ ★ ☆ ★ ★ ★

强盗大亨和铁路圣殿

除了在国家构建和战争后勤中发挥重要作用，铁路对于塑造资本主义的未来也颇为关键。它们是大规模经济变革的催化剂，而建造和运营这些线路的公司也很快成为各自国家乃至世界上最大的公司。

铁路是自然垄断行业：它们需要大量的资金投入，而不同铁路公司通过合并可以产生庞大的规模效应。到1844年，英国一半的铁路网都控制在11家公司手中，其他大部分都是小公司，经营的线路平均长度只有12英里（19公里）。在19世纪40年代的铁路热期间，英国共建造了4600英里（7400公里）的线路——接近获得议会批准的总长度——导致铁路公司进一步合并，因为最大的公司在通过现有铁路获利后，会将其积累的资本用于扩大规模，以及收购经营不善的竞争对手。

为了控制其不断扩张的铁路线，这些大公司需要采纳现代的组织形式并开发新的技能。运营铁路的挑战是前所未有的，它需要一种比其他行业更复杂的管理形式，因为铁路所涉业务规模庞大，尤其是铁路的地域分布更广。除了一个负责统筹协调的总部，车站、仓库和机车库也需要雇用大量人员。尽管在19世纪50年代已采用电报，铁路各部门之间的沟通便捷了许多，但在这么大的范围内管理数千名员工仍然不是一件容易的事。当时没有其他企业如此复杂，也没有其他企业会雇用如此多的员工。那时，制造企业大多是私人工厂。从规模上看，只有陆军、海军和东印度公司（一个有效地统治着印度次大陆大部分地区的半政府组织），才能与铁路出现后头20年里兴起的主要铁路公司相提并论。各种铁路资产，如车站、铁路上的车辆、铁轨和隧道等，都需要管理和维护，而这又需要技术娴熟的工人和能够随机应变的管理人员。车站需要大量的售票员、检票员和搬运工，自然还需要一个站长负责监督他们；仓库需要工程师和清洁工；总部需要时刻表规划员和运营人员；而火车上则需要警卫、司机和消防员。当时，"人力资源"这个可怕的术语还没有诞生，但面对这样一支名副其实的雇员大军，铁路公司本可以采用一种更现代化的人事管理制度。然而实际情况却是，早期的铁路公司严重依赖军事手段来管理员工。这些男人——在第一次世界大战之前的几十年里，铁路工人大多都是男性，只有少数平交道口管理员是女性——身穿制服，被视为"铁路的仆人"，还要承受非常严格的等级制度和纪律约束。

即使在铁路发展早期，人们也已经认识到安全运营问题的重要性。随着铁路线越来越密集，撞车的风险也越来越大，铁路部门于是根据过去出现的问题开发了一个系统，用紧急手段和预防措施来应对事故，但提升铁路安全的措施引入得太慢了。到19世纪的最后20年，无论美国还是英国，都还没有法律要求引入安全措施，虽然对这种措施的需求再明显不过。于是不可避免地，铁路造成了相当多的人员伤亡，我们将在下一章详细讨论这一点。与铁路的时刻表编排和统筹协调一样，铁路的安全措施也需要熟练而有效的管理。

虽然在利物浦至曼彻斯特铁路开通之前，股东有限责任原则

（公司可以在破产时不连累董事）就已经确立，但铁路公司对这一概念的利用最为充分。由于铁路公司对资本有巨大的需求，而且它们的财务状况有时会不稳定，所以如果没有有限责任的保护，它们就不可能发展；与此同时，正是它们对这种公司模式的迅速接纳，才确保了这一原则迅速传播开来。因为这种新型的公司结构是得益于铁路公司的应用才发展起来的，因此可以说，英国乃至世界上每一个大型的有限责任的商业组织，其实都是铁路公司的后裔。

在19世纪40年代英国铁路热之后的10年里，大西部铁路、米德兰铁路和大北方铁路等铁路公司都在持续扩张，但那时的巨无霸当数伦敦和西北铁路公司。这家公司由伦敦至伯明翰铁路、大交会铁路两家铁路公司合并而成，掌握着目前西海岸干线的前200英里（320公里），因为它是首都连接伯明翰和曼彻斯特这两个大城市之间的主要铁路线，所以生意很是兴隆。

制定出更有效的现代管理制度的先驱是马克·休伊什上尉，他从1846年伦敦和西北铁路公司成立起就担任该公司的总经理，直至1858年。休伊什不仅是一个能干的车务总管（这是运营日益繁忙的铁路所需的一项重要新技能），在与来自同行的竞争对手打交道时，还是一位出色的谈判者。他才华横溢又相当专制，同时能够在技术和运营问题上快速做出影响深远的决定。但最重要的是，休伊什引入了新式的财务和管理系统，使得整个铁路行业乃至其他行业纷纷效仿。其中一项具有重大进步意义的决定是所有权与管理权的分离。此后，公司政策将由新的职业经理人决定，所有者或股东不再进行干预。

合并与竞争之间存在一种矛盾,合并其实会催生越来越大的垄断,而竞争则与维多利亚时代的人对自由市场政策的推崇出奇一致。不过如上所述,铁路在本质上仍然是一种自然垄断,需要大量的投资,而只有独家垄断某个特定的市场才能收回这些成本。因此,虽然像伦敦和西北铁路以及米德兰铁路这样的公司通过兼并和收购不断壮大,但政府会谨防它们过度膨胀,并多次拒绝它们的兼并提议。不过直到第一次世界大战结束后,1921年通过的《铁路法》(又名《集团法》)才迫使英国众多的铁路公司(在战争开始时有几百家)通过法律组成四大铁路公司——伦敦和西北铁路公司、伦敦米德兰和苏格兰铁路公司、大西部铁路公司和南部铁路公司。它们运营了四分之一个世纪,最终于1948年被国有化。

* * *

在美国,人们并不怎么关心内战后主导铁路行业的那些公司的垄断性质。其实,正是为了防止大型铁路公司滥用权力,美国才在19世纪80年代末以《州际商业法》的形式引入了早期的反托拉斯法。虽然东部几家大型的铁路公司,如巴尔的摩至俄亥俄铁路公司、宾夕法尼亚铁路公司和伊利铁路公司,在内战前就已颇具规模,但在这一早期阶段,最大的公司却是乔治·普尔曼创办的火车车厢制造和运营公司。现在,普尔曼的名字已经成为卧铺火车的代名词,这虽然不是他的发明,但他确保了由其生产的

"车轮上的旅馆"在逐渐为人所知的过程中，不辱舒适和体面之名。普尔曼设计的新颖之处在于，火车的上铺是通过绳索和滑轮悬挂在车顶的，这样白天就可以收起来，为乘客留出足够的座位。内战结束后，普尔曼的车厢变得越来越豪华，餐车也开始提供丰盛而美味的饭菜。他将卧铺车的概念传至欧洲和亚洲，而他自己则一度成为美国最重要的工业名片。

他在芝加哥附近开办的普尔曼豪华列车制造厂规模庞大，后来竟形成了一个以该厂命名的小镇，厂里工人住的地方环境舒适、布局合理，但他们也受限于此，因为他们必须遵守一整套规则和条例。普尔曼镇的居民只被允许阅读公司出品的、内容永远轻快的《普尔曼新闻》，而不能接触广泛发行的报纸；商品只能从公司的商店采购；周日必须去教堂，还要保持房屋整洁有序，否则就会被驱逐。1894年初夏，新成立的美国铁路联盟和铁路工人发起了一场针对工厂裁员和停工的大罢工，普尔曼的心血在罢工中遭到毁坏，3年后，普尔曼就去世了。为了表示对普尔曼镇工人的支持，全国有25万铁路工人随后参与了罢工，至少有30名铁路工人在与警察和联邦军队的冲突中丧生。这刺激了其他工业部门工会的形成，成为美国劳工史上的一个转折点。由于工人对普尔曼的敌意太深，在1897年10月他去世后，人们不得不将其遗体装进一口衬铅的红木棺材，然后封在一个混凝土块里，以防他的遗体被愤怒的工会成员挖出来。

建造第一条横贯大陆铁路的两家公司——联合太平洋铁路公司

和中央太平洋铁路公司，位居美国当时最大的公司之列。在19世纪的最后25年里，美国铁路大亨们纷纷崭露头角，他们兼并了众多铁路公司，形成了体量更大的公司。到19世纪80年代，铁路运营公司已经有实力垄断许多路线。当时，美国在管理和财务实践方面远远领先于欧洲，这主要是因为美国的铁路公司规模庞大，引来了同等程度的敬畏和责难。虽然它们的规模确实引人瞩目，但垄断带来的巨额利润诱惑也意味着，它们会招来一些不总是遵守规则，或者实际上不那么守法的无良企业家。一群颇有闯劲但心狠手辣的商人出现了，他们被称为铁路大亨，或者被其对手嗤为强盗大亨。

第一个崭露头角的是美国东北部伊利铁路公司的董事丹尼尔·德鲁，他所在的铁路公司几乎一直深陷财务困境。19世纪60年代，德鲁通过如今所谓的"内幕交易"发了一笔财。然而，正是他与其最有名的对手——"海军准将"科尼利厄斯·范德比尔特的激烈竞争，才引起了公众对铁路大亨们活动的关注。范德比尔特拥有对纽约中央铁路的控制权，该铁路与伊利铁路一样，都在纽约和芝加哥之间运行。事实证明这条铁路是一棵摇钱树，因为纽约正在蓬勃发展，而这条线路又是人们和货物北上的首选。不过范德比尔特像所有这些铁路大亨一样，更希望拥有垄断权，所以他想接管伊利铁路公司。德鲁发现他的对手有此兴趣，就设法印了大量毫无价值的股票，将它们卖给了范德比尔特，后者在搞清这个骗局后，立刻向法院起诉了德鲁及另外两个董事杰伊·古尔德和吉姆·菲斯克。随后，美国铁路史上可能最离奇的一幕出现了：这三个骗子跑到新泽西，逃脱了纽约司法系统的制裁，还带着一大笔现金躲进了一家酒店。令人瞠目结舌的是，范德比尔特最终在法庭上败诉，但重要的不是这段备受关注的事件中错综复杂的细节，而是经此一役，铁路在公众心中留下了不可磨灭的印象。

在这个经济快速增长且投机猖獗的"镀金时代"，古尔德是另一位扬名立万的著名铁路大亨。他从1868年起经营了数年伊利铁路公司，后在一次股东"政变"中被赶下台，接下来他显然直奔西部而去。在那里，古尔德利用经济萧条（所谓的"1873年大恐慌"）造成的股价低迷之机，控制了联合太平洋铁路公司。然后，他建立起另一个铁路帝国，其轨道长度超过10000英里（16093公里），占当时整个国家铁路网的七分之一。

其中有几个大亨梦想着控制一个横跨整个美国的铁路网，经营连接东西海岸的列车，但没有一个人实现这一梦想。最接近这一梦想并建立起有史以来最大铁路网的人是爱德华·哈里曼。哈里曼生于一个牧师之家，14岁就离开学校到华尔街当邮递员。当1893年的股市恐慌和随后的经济衰退导致美国364家铁路公司中有四分之一破产时，哈里曼已经拥有了伊利诺伊中央铁路公司。他以十分低廉的价格"捡"到了其中很多线路（包括规模庞大的联合太平洋铁路公司名下的部分铁路），并把它们变成了摇钱树。到

下页图
公众对控制美国铁路的"强盗大亨"的反感，经常体现在形象生动的插图中，比如这幅来自《顽童杂志》的插图，画的就是"我国的工业保护者"正在压榨工人。

SAGE
IELD'S
ILLIONS
GOULDS
MILLIONS
VANDERBILT
MILLIONS
LINENS
MILLS
LINEN
WORKERS
AVERAGE
$11 A WEEK
CLOTH
WORKERS
AVERAGE
$9 A WEEK
MILLS

TIN
PAINT
OILS
BOOKS
LUMBER
LEATHER WORKERS $7 A WEEK
PAPER WORKERS $6 A WEEK
PAPER
LUMBER WORKERS $6 A WEEK
HARD TIMES

20世纪初，他控制的轨道长度达到25000英里（40000公里），比之前任何一位大亨都多，但与其他铁路大亨一样，他可疑的商业手段也招来了大量谴责。

这种对铁路大亨的普遍反感有时候并不合理。事实上，其中有几个人建立了高效的铁路系统，为乘客提供了便利的交通运输网。然而，平民对大亨们的敌意主要表现在三个方面：反感他们的垄断地位；批评他们构筑铁路帝国的手段，尤其是在铁路发展早期；同时厌恶他们不仅冷酷、好斗、腰缠万贯，还极其热衷于炫富，例如他们经常把自己豪华的私人车厢搭接到普通列车上。科尼利厄斯·范德比尔特的长子威廉·亨利·范德比尔特就无比富有，在被问及一条热门线路的取消事宜时，据说他回答道："平民都该死！"虽然不清楚小范德比尔特是否真的说了这种话，但人们普遍信以为真，事实证明这严重损害了铁路大巨头的声誉。

* * *

在监管更为严格的欧洲，这类大亨出现的可能性较小。19世纪末，欧洲最大的铁路帝国是总部位于巴黎的罗斯柴尔德银行建立的，它建造了一个令人瞩目的路网，其中大部分都是跨国铁路，包括奥地利的南部铁路、法国的北方铁路、巴黎—里昂—地中海铁路，以及多条欧洲其他铁路。罗斯柴尔德家族甚至资助了印度的孟加拉—那格浦尔铁路的建设。但这种主导地位并不总是受欢迎的，例如在19世纪70年代，刚统一不久的意大利的新政府就禁止外国资本管控铁路，进而阻止了罗斯柴尔德家族在意大利扩张其铁路帝国。

然而，铁路行业整合的倾向及其对资本的渴求，催生了一种无法抗拒的趋势，即铁路行业必将由越来越大的公司主导。这一进程在19世纪下半叶加速，当时最能体现铁路公司规模和实力的，是各大城市中心的车站。在铁路发展初期，没有人认真考虑过车站的问题，它们都很简陋，不过只是一座小建筑，里面有一个售票处，可能还包括一间候车室和一个上车点——最初可能只是一级供乘客登上火车的台阶，而不是月台。在美国，新建铁路的资金供应通常严重不足，售票处往往由一家旅馆或杂货店来代替。

不过，短短几十年内，随着大型垄断公司开始出现，气势恢宏的车站也由于铁路线的扩张而在城市中心矗立起来，其设计极尽铺张和奢华之能事。于是，当距伦敦市中心以北仅1英里的尤斯顿被选为伦敦和伯明翰铁路的终点站时，第一座堪称宏伟的车站出现在大英帝国也就不足为奇了。从1837年开始运营时，这座车站就拥有一个610米长的机车棚；最夸张的是，它还带有一座21米高的多立克柱式拱门，这座拱门除了令人惊叹外，可谓毫无作用。更妙的是，10年后，当尤斯顿成为规模大得多的伦敦和西北铁路的总站时，又在原来基础上修建了一座新古典主义风格的大厅，其中的两部楼梯和方格天花板均由建筑师菲利普·哈德威克设计。*

---

* 遗憾的是，20世纪60年代重建车站时，大厅和拱门都被拆除了。

"大教堂式车站"的概念很快就传到了法国，1849年，巴黎东站（巴黎—斯特拉斯堡和巴黎—米卢斯铁路的西端终点站）竣工。因为拥有可俯瞰入口的巨大的半圆形窗户，所以巴黎东站被视作当时最时尚的车站。巴黎和伦敦各家铁路公司之间的竞争，恰恰说明了这两个城市的车站非常多，有时两座车站就在彼此的视线范围内。巴黎东站离第10区的巴黎北站仅一步之遥，而伦敦两座风格迥异的车站——拥有简约意式线条的国王十字车站和新哥特式风格的圣潘克拉斯火车站，则是同在尤斯顿路上的近邻。

　　车站前建有许多大型酒店，与其规模相当的，是站后名字不甚优雅的"车棚"，这些车棚既让乘客免于风吹雨淋，也导致了机车的烟气滞留——这一点倒是没什么用。其中最宏伟的要数威廉·巴洛为圣潘克拉斯建造的车棚，它超过200米长、75米宽，在1868年完工时，是世界上同等宽度车棚中最长的一个。

　　修建这些新车站的铁路公司家底丰厚，由此带来的一个副作用是，它们获得的巨额利润使其能够不计成本地尝试各种风格。事实上，"兼收并蓄"这个词可以专门用来描述这类车站建筑，它们中的大部分幸运地留存到了今天，让人始终能够借此一窥铁路刚步入鼎盛时期的样貌。用一位研究铁路文化影响的作家的话来说就是："从最基本的层面上来说，火车站是19世纪对建筑形式的独特贡献。它是其所产生的那个时代的精准反映，既包含一种大胆创新的现代性，又体现了一种夸张且鼓舞人心的传统主义风格。"[1]

　　并非只有大城市才会建造宏伟甚至富丽堂皇的火车站。位于密苏里州圣路易斯的联合车站，是体现19世纪末火车站建筑野心和多样建筑风格的典范。它由生于德国的建筑师西奥多·林克为圣路易斯终端铁路协会设计，服务于该地区全部22条铁路，是当时世界上服务铁路数最多的车站。经过两年的建设，联合车站于1894年完工，除了售票处和候车室，其着力夸耀的还有它的酒店、餐厅、用金箔装饰的大厅、桶形拱顶、罗马式拱门和85米高的钟楼。一位作家将它的建筑风格描述为"复兴的罗马诺曼式建筑风格与法国城堡样式的混合"[2]。不久之后，它得到扩建，还成了1904年圣路易斯世界博览会的点睛之笔。

设计大的车站是为了吸引人们的注意力，彰显铁路公司的实力，但同时也是为了给乘客提供一个舒适的候车环境，其中配有候车室、咖啡馆和乐于助人的搬运工。这里有一个内在矛盾：抵达任何一座陌生的城市后，有经验的旅客马上就能认出当地的车站，那里有熙熙攘攘的乘客、成群的骗子和排队待客的出租车，但车站的建筑风格却多到让人摸不着头脑；车站除了提供轨道和月台、售票厅和茶点外，没有任何蓝图和建造规则。

在美国，内战前的铁路公司因始终缺乏资金，在仿效欧洲同行方面进展缓慢。直到19世纪的最后25年，美国才真正开始出现气派的火车站。为了弥补与欧洲同行的差距，铁路公司（或由市政当局拉拢到一起的几家邻近的公司）建造了比欧洲更宏伟、体

下页图
新古典主义风格的巴黎东站启用于1849年，气势宏伟，后来该车站又进行了扩建。图为1880年的照片。

强盗大亨和铁路圣殿　113

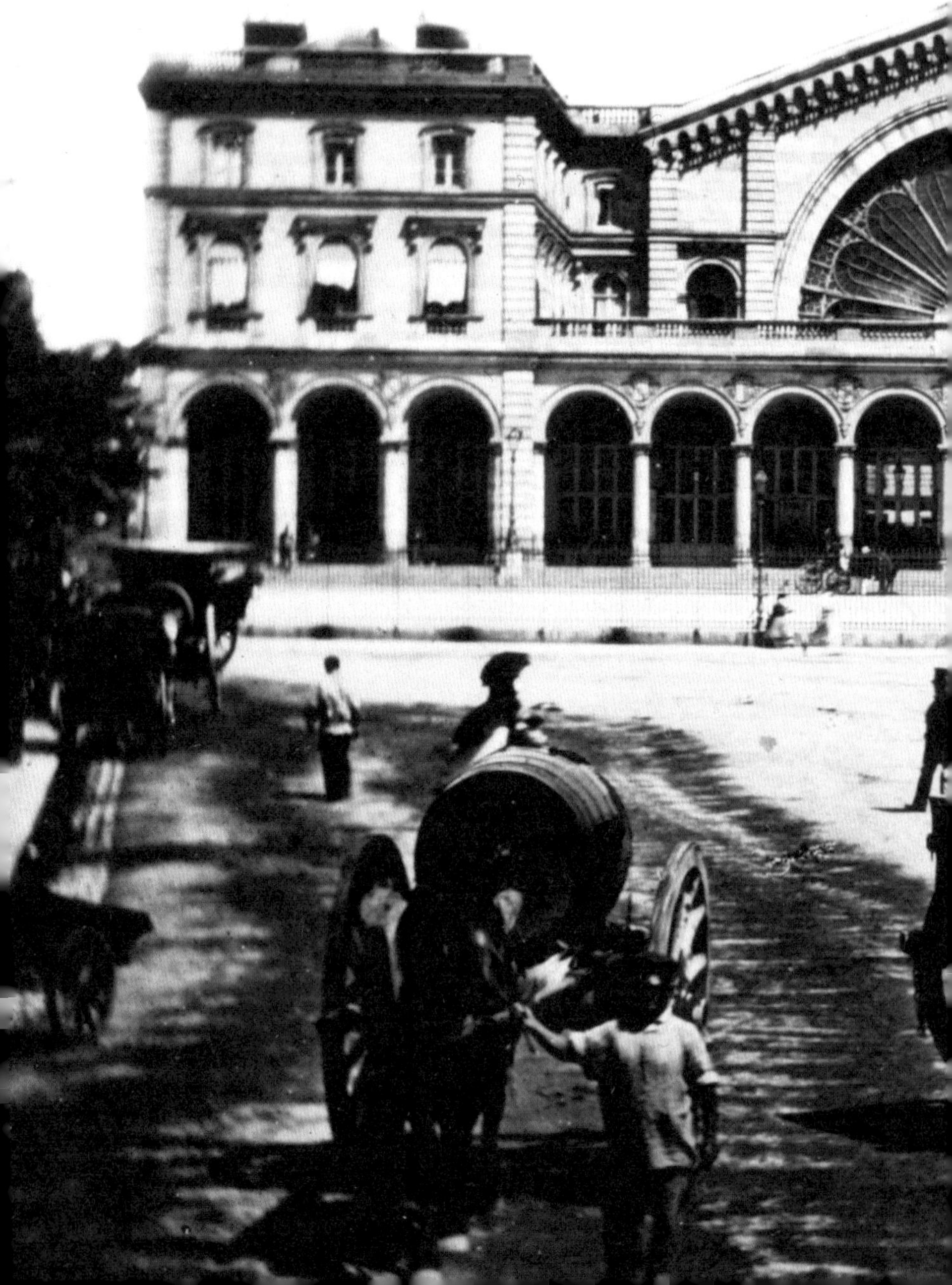

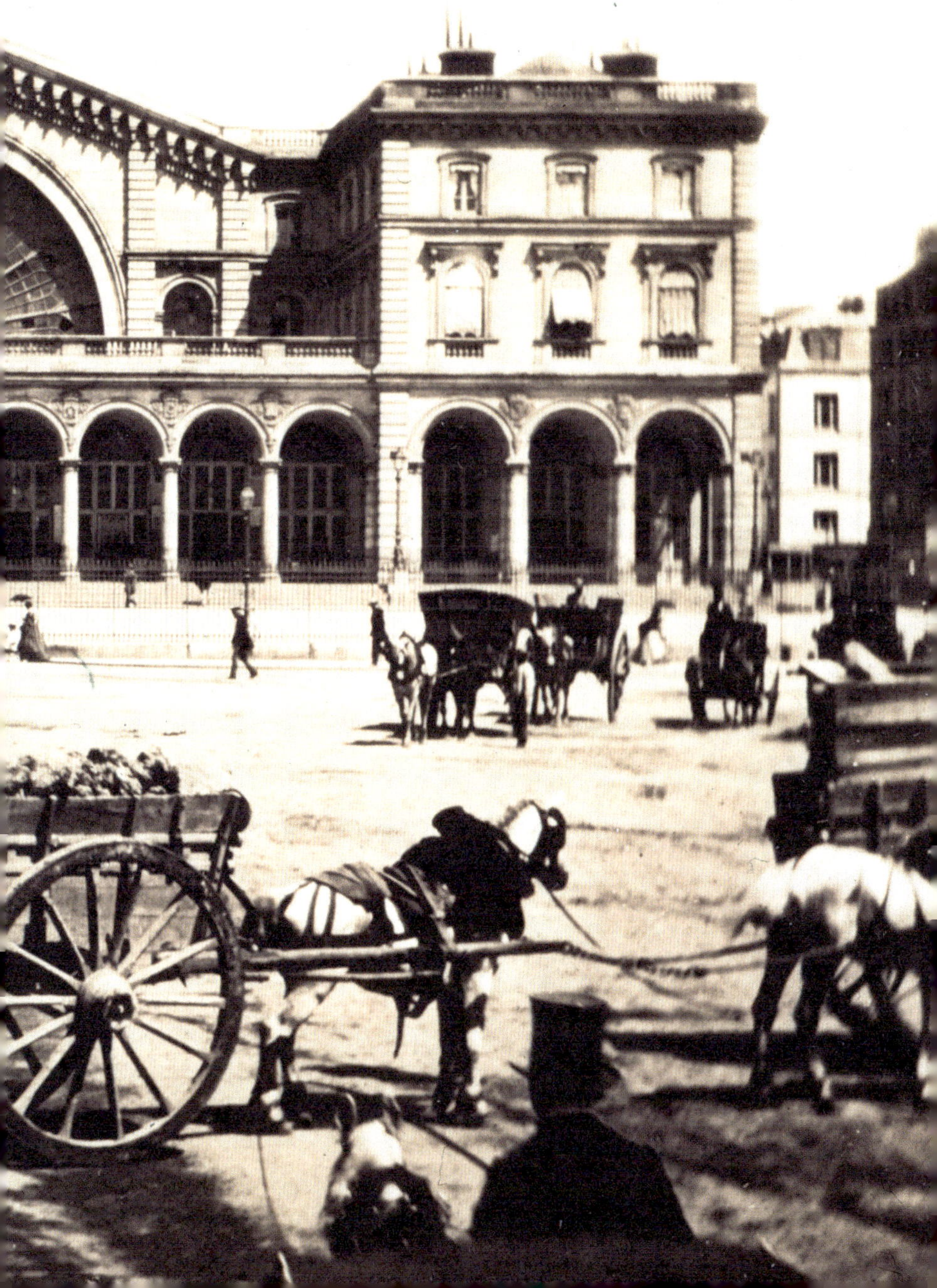

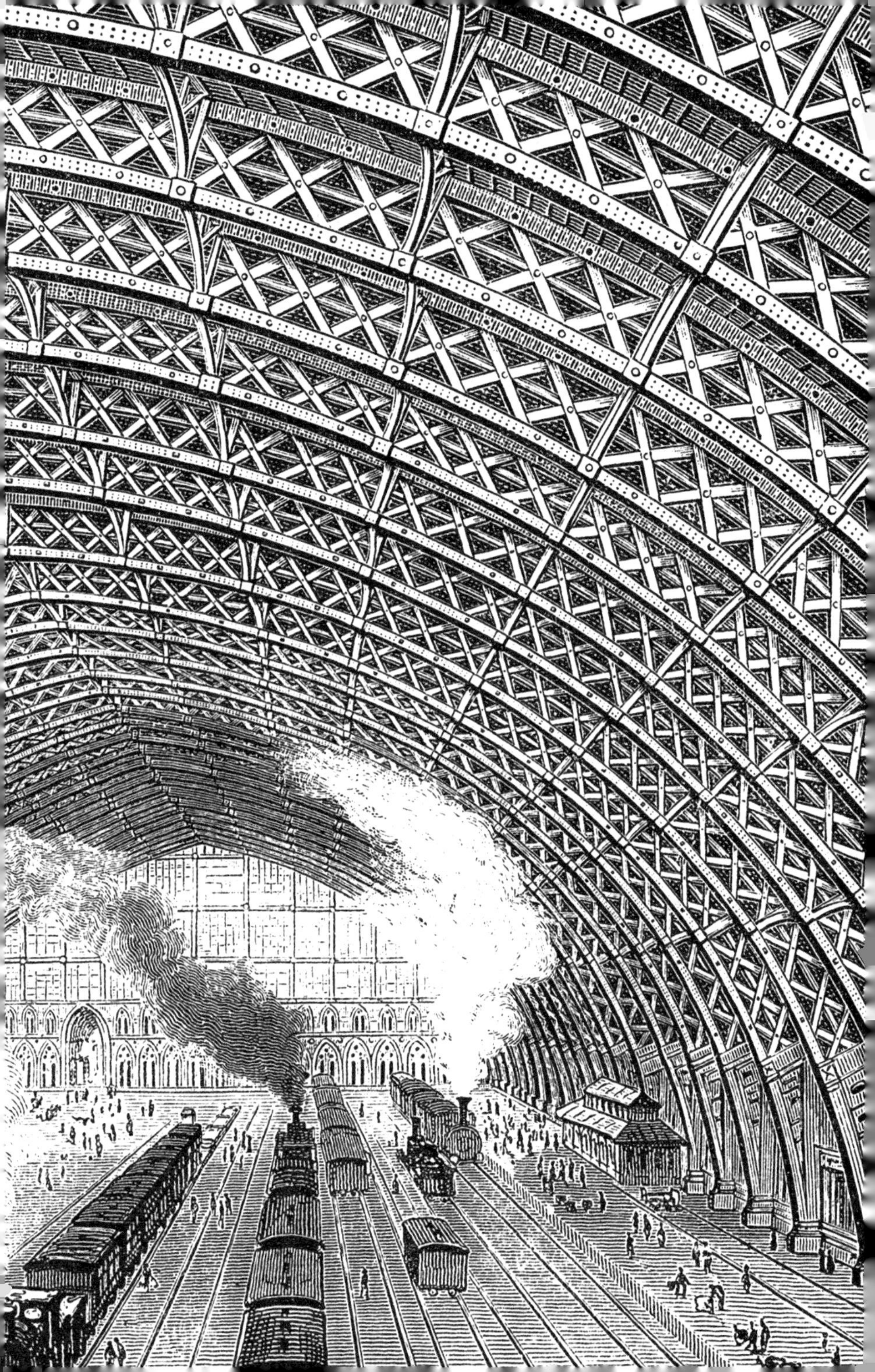

积更大、设计更精良的车站。美国火车站建筑中的杰作无疑是纽约市的大中央车站。19世纪70年代初,它的火车棚由科尼利厄斯·范德比尔特主持建造,原是大中央总站的一部分,而大中央总站最早是参照巴洛的圣潘克拉斯火车站建起来的。20世纪初,该站经历了多次重建,但火车棚留在了完全翻新后的车站中,至今仍在使用。

美国火车站的鼎盛时期是在20世纪初,当时由于合并和联合工作的部署,一系列"联合车站"出现了。在这里,竞争对手或新合并的铁路公司均可以共享设施,更方便旅客换乘,这种模式半个世纪前在欧洲就已经非常完善了。美国首都华盛顿特区的联合车站可能是此类中最著名的,它有凯旋门式的入口,宏伟、高顶的大厅,新古典主义风格中又杂有一丝现代主义色彩。除了东部沿海地区,这些大型建筑中规模最大的是位于堪萨斯城密苏里河一侧的车站,对巴黎的出租车司机来说,它的布杂式建筑风格应该并不陌生。这座车站建成于1914年,十几家铁路公司的铁路线汇集于此。如今,这里每天只有3趟美国铁路公司的列车,日客流量为421人次,而在1945年的高峰期,这一数字可达670000人次;其大片闲置的办公室也已被翻修为"科学城"。要说哪里反映了美国客运铁路的衰退,那就是堪萨斯城。

虽然欧洲大多数早期的车站都留存到了21世纪,但正如我们

上页图
圣潘克拉斯火车站的铁方格拱顶由威廉·巴洛设计,于1869年启用;其跨度为140英尺(42.672米),是当时世界上跨度最大的拱顶。

看到的那样，伦敦原来的尤斯顿车站和欧洲大陆上一些不幸毁于战争的车站却是此中的例外。比较而言，美国见证了更多破坏铁路建筑的行为，有时是由于在这个痴迷汽车的时代，人们怀有一种埋葬铁路传统的渴望。其中一个早期的牺牲品是马萨诸塞州波士顿的公园广场，它建成于19世纪70年代，附带有一间阅览室、一个台球厅，还有一个用玫瑰花窗和煤气灯串装饰的候车区，但这一切都在19世纪最后的岁月里被拆毁。取代它的是舒适但远不及它瞩目的波士顿南站，后者在第一次世界大战爆发前一度成为世界上最繁忙的火车站。然而，美国（甚至可能是全世界）最严重的铁路破坏，无疑是针对宾夕法尼亚车站的那次。宾夕法尼亚车站极为精美，正面是仿照雅典卫城建造的多立克柱廊。1963年，即竣工仅53年后，由于铁路客运量的下降，该站的地上部分就被拆除了。地面以下的部分，包括大厅和候车室，则被保留在办公大楼和麦迪逊广场花园体育中心（正是它们取代了原先宏伟的车站）之下。荒谬的是，宾夕法尼亚车站今天又成了一座异常繁忙的车站，但乘客却不得不从几条拥挤的地下走廊穿行，那里天花板低矮、通道狭窄，完全不够用。

然而幸运的是，铁路鼎盛时期在世界各地建造的伟大车站大多数都保留了下来，这是对19世纪最伟大的发明的永恒致敬。随着21世纪对铁路价值的重新发现，这些古老的车站中部分已经恢复使用或得以翻新（如一度面临拆除威胁的伦敦圣潘克拉斯火车站，经过翻修，它如今成了欧洲之星高铁的终点站），或根据不同车站的不同情况重新利用，例如巴黎的奥赛火车站和曼彻斯特的中央车站（分别改为博物馆和会议中心）。

* * *

铁路公司是工业革命催生现代资本主义经济时出现的第一批大公司，也是第一批遭到劳工力量抵制的公司势力。因此可以想见，早期最强大的工会代表了铁路工人的权益。在英国，经过几次创建铁路工会的初步尝试后，面对铁路工人死亡和重伤人数不断增加的问题，1871年在德比成立了铁路从业者协会（ASRS），即今天的RMT（铁路、海事和运输工人全国联盟）的前身。19世纪70年代，平均每年有682名工人死在铁路上，然而大多数受害者得到的赔偿都很少，甚至完全没有。要求安全的工作环境是工会运动的核心，不过它很快就指向了薪酬和工作条件等更普遍的问题，尤其是八小时工作制。然而，火车司机并没有加入ASRS，而是成立了一个独立的工会，该工会于1880年改组为火车司机与司炉联合会（ASLEF），至今尚存。在随后的几十年里，经过多次罢工和其他形式的劳工运动，工会成功改善了该行业的工作条件，为其成员争取到了良好的薪酬和工作环境。有了自动耦合等新式技术后，铁路工人的安全得到极大的保障，但即便是在最近的20世纪80年代，一年内多达30名铁路工人在劳作时丧生的情况也时有发生。令人欣慰的是，由于21世纪引入了工作马甲和安全栏，加上更多线路停运，铁路工人的死亡事故已经很少见了。

在美国，强力的工会也出现于铁路行业。这与英国如出一辙。19世纪60年代，美国出现了一些地方性的"兄弟会"，但在随后的几十年里，它们联合组成了有影响力的工会，能够挑战顽固的管理层，并为其会员争取更好的工作条件和更高的工资。铁路公司起初并不愿意承认这些工会，但渐渐地，影响力仅次于铁路所有者的新型职业经理人意识到，他们不得不向工会妥协。时移势易，大型铁路公司尽管不承认，却发现自己已经无法拒绝工会的许多要求。除了普尔曼大罢工外，19世纪最后的25年里还发生了两次大罢工，即1877年因巴尔的摩至俄亥俄铁路公司减薪引发的铁路大罢工，以及1886年针对杰伊·古尔德的联合太平洋和密苏里太平洋铁路公司的西南铁路大罢工。这三次旷日持久的罢工发生以后，20世纪整个铁路行业的管理层在做决策时，都不得不考虑工人的意见。事实上，即便在今天，铁路工会仍然是该行业一支强大的力量。

除了工会之外，对美国铁路最有组织的批评者是农民。铁路改变了美国农业的性质，农民无法再轻松地用马和车把农产品送到当地市场售卖。那些从铁路公司手里低价获得大片土地的大型农场，因为生产的是面向更大市场的经济作物，所以需要依靠火车运输。农民别无选择，只能利用当地铁路公司提供的服务，这无疑使铁路公司处于垄断地位，有权决定运费，所以农民将运输

下页图
气势恢宏的纽约宾夕法尼亚车站竣工于1910年，拆毁于20世纪60年代，其拆毁被视作20世纪最严重的建筑破坏活动之一。

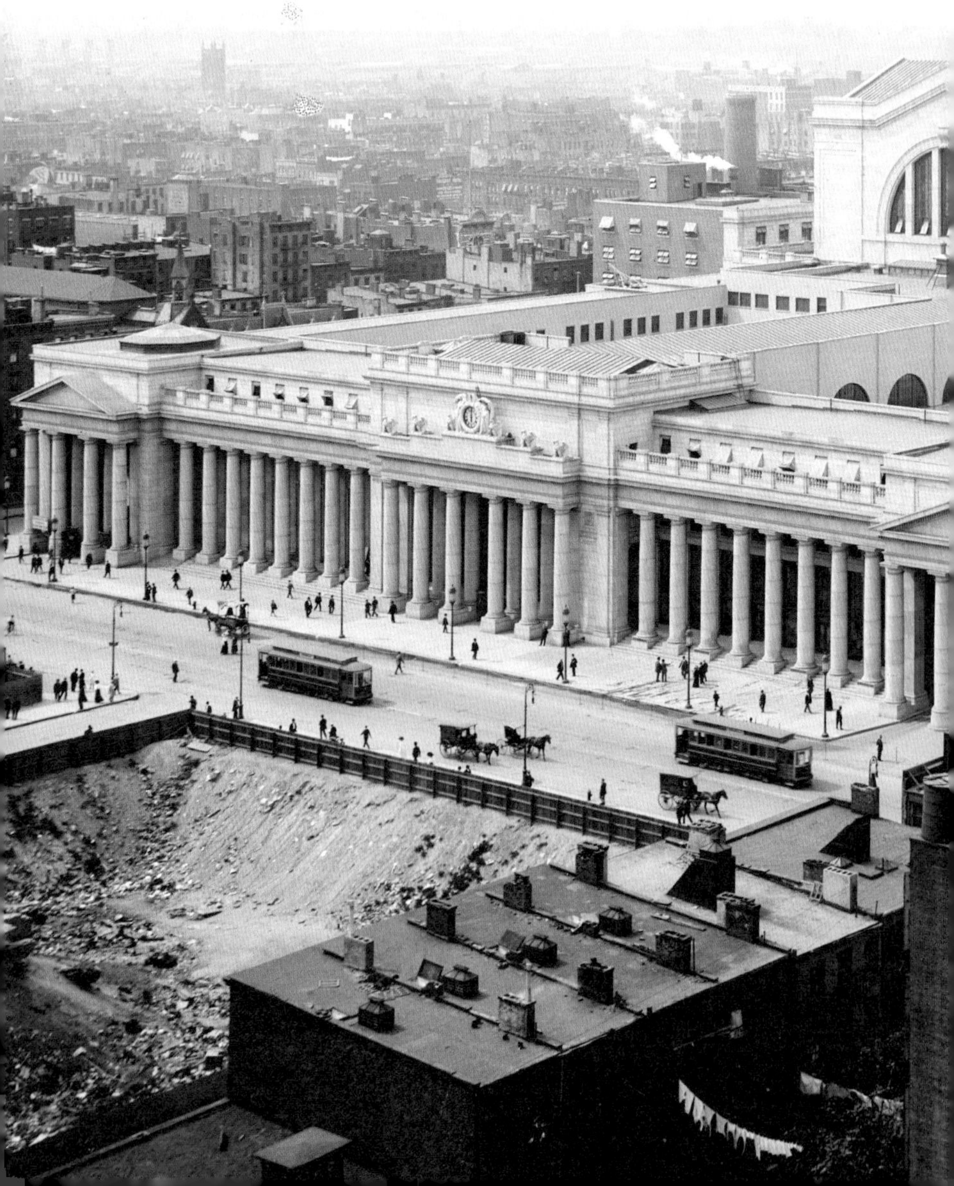

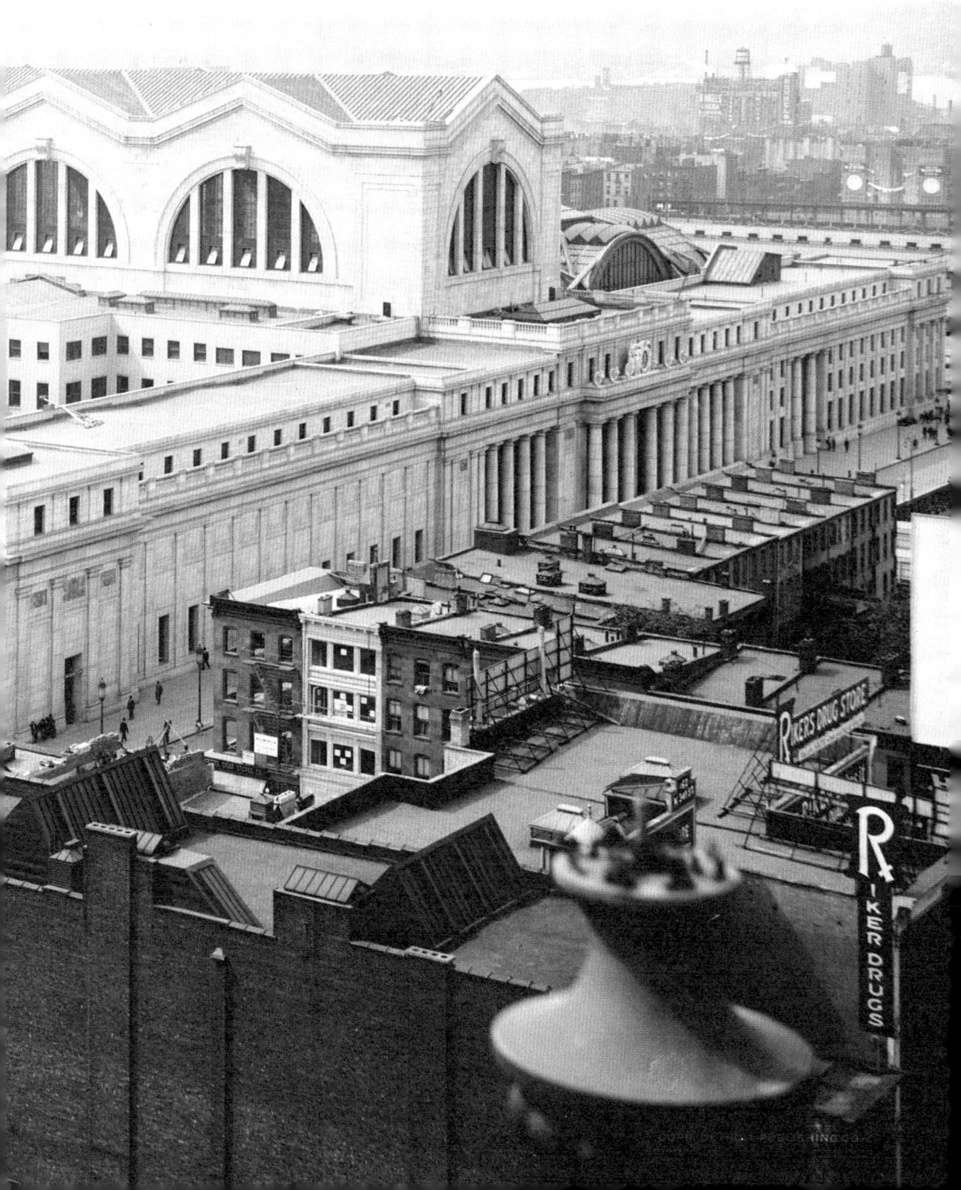
RIKER'S DRUG STORE
RIKER DRUGS

成本视为一项无法避免且繁重的税收也情有可原。铁路公司起初似乎能够理解这一点，所以提供了优惠的价格，但随着运输成本日渐升高，农民加深了对他们所依赖的铁路公司的敌视。他们质疑的一个焦点是，为什么产品短途运输每英里的成本却比长途运输高？其实这很好解释，例如装卸成本不会因为运输距离近就减少，但他们对这些理由充耳不闻。很快，一个名为"格兰奇"的庞大组织诞生，负责传达农民对铁路的不满，其最鼎盛期成员多达80万名。这些故事都出现在弗兰克·诺里斯1901年出版的畅销小说《章鱼》中，小说主要讲述了加利福尼亚的麦农和一家铁路公司之间的冲突，书中还将铁路描述为"那个铁石心肠、冷酷无情、威力无穷的大怪物"。

从某种程度上看，这是不公平的，因为大多数铁路公司都考虑到了农民的需求。但格兰奇的不满与"邪恶"的强盗大亨的故事一起，让人们对铁路公司的敌意在19世纪末达到顶峰。20世纪初，因群情激愤，美国铁路公司受到了严格的监管，若不是这样，公众对铁路公司及其所有者的态度便不会如此重要。虽然当时出台的一些法规对于限制铁路公司利用其垄断地位牟利确实有必要，但在后来的岁月里，特别是在第二次世界大战之后，面对机动车行业和航空业日益激烈的竞争，它们反而束缚了美国铁路的灵活应对。

6

* * * * * *

旅行更安全和舒适了

早期的火车与"舒适"二字没什么关系，运营商也很少考虑乘客的舒适度。在英国，某些线路上的三等列车——特别是1838年开始通车的大西部铁路——由一系列顶上没有任何遮挡的敞篷车厢组成，少数运气好的人才能坐到硬质长凳。1841年，一列火车在伯克郡雷丁附近的桑宁通道遭遇山体滑坡，导致9名乘客丧生，这起严重的铁路事故终结了这种极不舒服的旅行方式。英国的火车甫一出现，就被分成了三个等级，舒适度截然不同：三等车厢逼仄，仅有木质长凳，与头等车厢中舒适的软座和宽敞到能让乘客伸展双腿的空间形成鲜明对比；二等车厢的舒适度适中。铁路在许多方面促进了社会平等，推动了人的解放，因为它们能让经济条件相对较差的人搭乘火车到全国各地旅行。但是，由于强制划分等级（这在以前的公共马车等交通方式中并不存在），它们巩固了维多利亚时代早期英国严格遵守的社会分工。

除了独特的机车技术外，美国铁路在许多方面都与英国铁路不同。在美国，建造早期铁路的公司往往资金匮乏，而且因为线路一般比欧洲的长许多，它们对降低成本有更迫切的需求。因此，它们每英里的平均建造成本大约是英国的五分之一。然而，廉价的代价就是铁路基础设施的质量和乘客享受的服务都要差很多。美国铁路有许多超级急转弯，地势相对陡峭，轨道较为简陋，乘坐起来很不舒服。铁路桥是木质的，易坏，有些地段甚至根本就没有桥，乘客不得不转乘渡船。排水系统效果很差，经常会大量积水，车站是简单的小型木结构建筑，没有任何防水设施。《北美铁路百科全书》的作者非常坦率地承认了美国铁路在英国铁路面前的劣势：

> 英国的情况迥然不同。铁路的故乡是一个非常富裕的国家，有能力在所有方面做到最好。它的线路是土木工程的典范，坡度平缓，弯度较小。就像罗马人一样，英国人会在河流上架起巨大的石砌高架桥。车站则建得宛如宫殿，天花板宏伟高悬，外围由贵重的石头点缀。[1]

这里有种"这山望着那山高"的心理，甚至是将对方美化的倾向。英国第一批铁路确实比大西洋彼岸的铁路建得好，但它们和早期的车站一样相当简陋，不过是几座棚屋加几条轨道而已。然而，铁路在英国的发展速度更快，至少在早期是如此。伴随19世纪40年代的铁路热，铁路营业里程大幅增加，许多技术得以改进：机车体积更大，轨道更稳固，信号系统更复杂，隧道建设也成了常态。美国的铁路发展较为缓慢，基本要到内战之后才出现明显的进步。例如，19世纪30年代的机车可能有4个或6个轮子，最重约有10吨，在平坦的轨道上最多能拖动200吨重物。20年后，机车的重量大概能达到20吨，轮子数量是原来的2倍，最多能拖动500吨重物。

在大西洋两岸，头等列车的乘客可享受野餐篮子（简餐）、长途夜车的毯子和蒸汽供暖等福利。然而，绝大多数旅客搭乘的还是三等列车，而三等列车的改善进展缓慢。各铁路公司的标准差异很大。生意兴隆的公司能够提供最好的设施，而勉强糊口的公司则精打细算以节省开支。与美国一样，英国的大型铁路公司也引来了最严厉的指责，它们中有的被视为贪婪的垄断者，有的更糟，被视为诈骗犯，因为在铁路热期间，许多中产阶级投资者辛苦攒下的积蓄由于它们打了水漂。很多铁路公司因其名称的缩写得到了富有创意但不无贬义的绰号，例如曼彻斯特、谢菲尔德和林肯郡铁路公司成为"肮脏、缓慢和懒惰的铁路公司"*，而牛津、伍斯特和伍尔弗汉普顿铁路公司则被称为"老旧、更坏和更坏的铁路公司"[†]。

最有损铁路公司的批评是：铁路很危险。上文讲过，在火车运行初期，由于班次少、速度慢，所以很少发生重大事故，但到19世纪下半叶，撞车、桥梁故障、信号误差、脱轨等事故，已经成为欧洲和美国铁路的家常便饭。

对铁路部门的抱怨完全合乎情理。铁路所有者似乎都对此无动于衷，如果要总结他们的态度，最贴切的可能是"事故还是要发生，我们对此无能为力"。这无疑是因为他们迫切需要实现利润最大化，将成本降到最低，来满足其股东的要求。最能体现他们这种忽视安全性的例子是，首批客运线路上的检票员为了检票，

---

* Manchester, Sheffield & Lincolnshire 缩写为 MSL，对应的英文绰号为 Mucky, Slow & Lazy。——译者注

† Oxford, Worcester & Wolverhampton 缩写为 OWW，对应的英文绰号为 Old, Worse and Worse。——译者注

不得不沿着装在车外的木板从一节车厢冒险走到另一节车厢。幸好这种做法没有持续很久，早期的几条长途线路后来做了改变，列车会在接近旅途终点的特定位置停靠，以便检票。

19世纪下半叶，大西洋两岸发生了一系列具有轰动效应的铁路事故，既引起了媒体的广泛关注，也招来了同等程度的责难。在英国，当时的国际知名作家查尔斯·狄更斯卷入一场铁路事故，并准备就安全问题向铁路公司发难，这无疑助长了公众对改善铁路安全的呼声。1865年6月，由于轨道工人被错误的时刻表误导，拆除了一条轨道，导致一列火车在肯特郡的斯塔普尔赫斯特脱轨，而狄更斯携其情妇和母亲正好在车上。用小说家自己的话说，这是一起"可怕的毁灭性事故"[*]，造成10人死亡、40人受伤，并给他留下了巨大的心理阴影。美国的铁路事故造成的伤亡往往更严重。1856年7月，两辆火车在宾夕法尼亚州的怀特马什镇相撞，多达60人丧命。它是当时世界上最大的铁路事故，因而被称为"1856年火车大难"。

内战结束后，美国的经济和铁路网均迅速扩张，桥梁故障导致的铁路事故尤其常见。火车越来越重，给许多横跨大小河流的桥梁带来了更大的压力；这些桥梁往往造价低廉，设计不当，关键是工程设计不足。此类事故中最严重的是在1876年12月发生的阿什塔布拉河铁路桥灾难——湖岸与密歇根南方铁路公司的一列

---

[*] 狄更斯的描述来自他的小说《我们共同的朋友》的后记，灾难发生时，他正随身带着该小说的手稿。

火车因桥梁故障而坠入河中。事故造成92人死亡，其中包括著名的福音歌手菲利普·布利斯，更增强了公众对这起19世纪美国历史上最严重的铁路灾难的关注。

在英国，由于地形相对平缓，桥梁一般都比较简陋，桥梁故障也相对罕见。然而，英国最惨烈的灾难之一却与简陋的桥梁有关，而且就发生在阿什塔布拉事故发生的3年后，即1879年12月。当时正值暴风雨天气，一列火车在穿过那时世界上最长的桥梁，也就是苏格兰邓迪的泰河铁路桥时，中心跨距忽然坍塌，车上75人全部遇难。问题出在桥梁设计上，当时的设计无法确保桥梁坚固到足以抵御这种强度的天气，但在苏格兰东海岸，这种天气其实相当常见。

这两起灾难都促进了铁路安全性的提升。在美国，如《美国铁路百科全书》的作者所言："到19世纪80年代，桥梁故障已经成为一种代价高昂的弊病，改革势在必行。"[2]此时，铁路公司纷纷要求工程师改进设计，各州立法机构则颁行了更严格的审查制度。英国则于1890年开通了壮观且经久耐用的福斯桥，它也许是世界上最著名的铁路桥。如果说它看上去设计得过于复杂，那是因为该桥的工程师托马斯·鲍奇（他同时也是泰河铁路桥的设计者）被解雇了，他原先设想的悬索桥被替换成了一座宏伟的悬臂桥，后者的抗风性要比最初预想的更强。

下页图

图示的版画描绘了1876年12月，俄亥俄州阿什塔布拉湖滨铁路上一座大桥的坍塌。类似的铁路灾难在19世纪比比皆是。

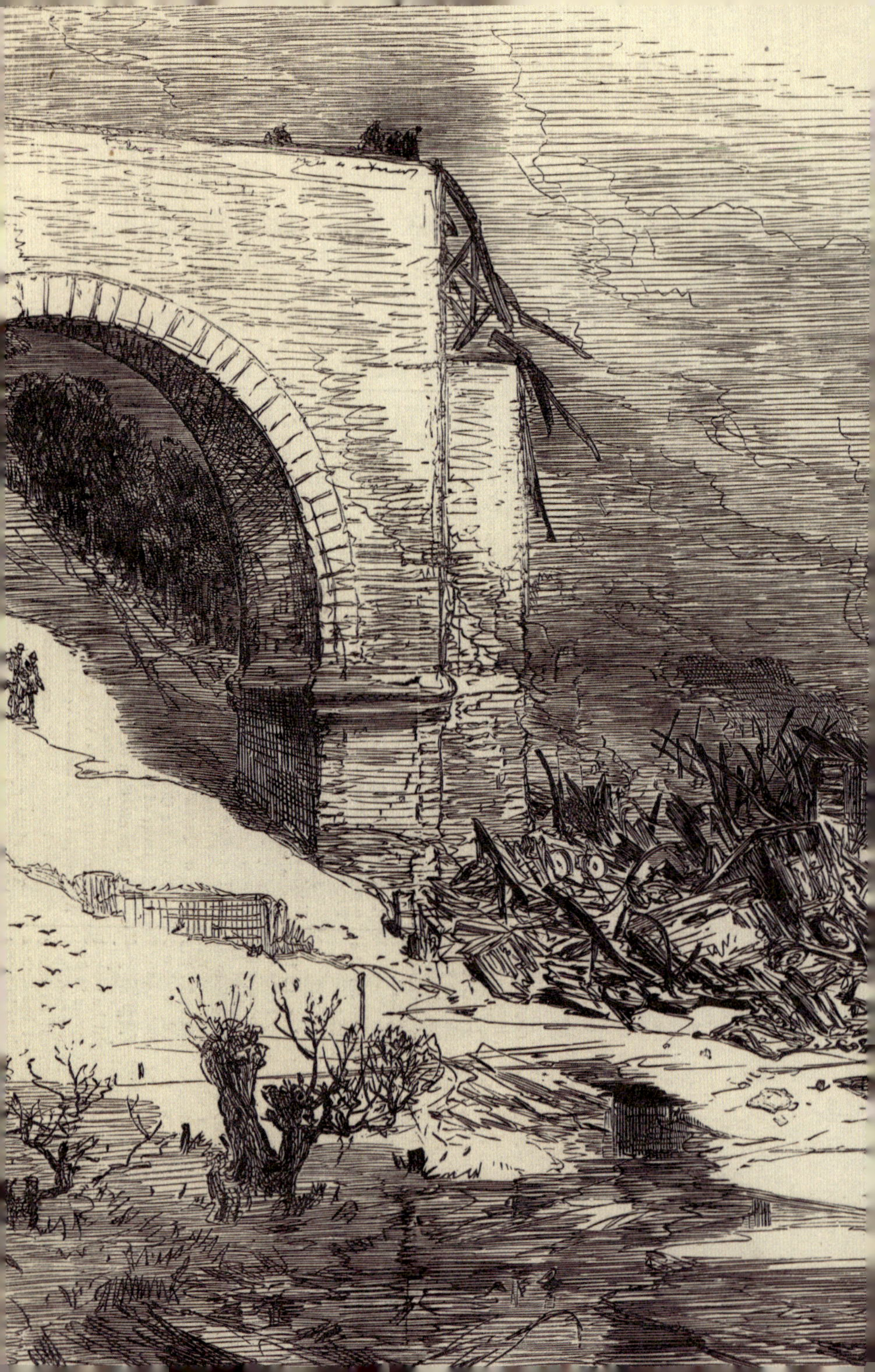

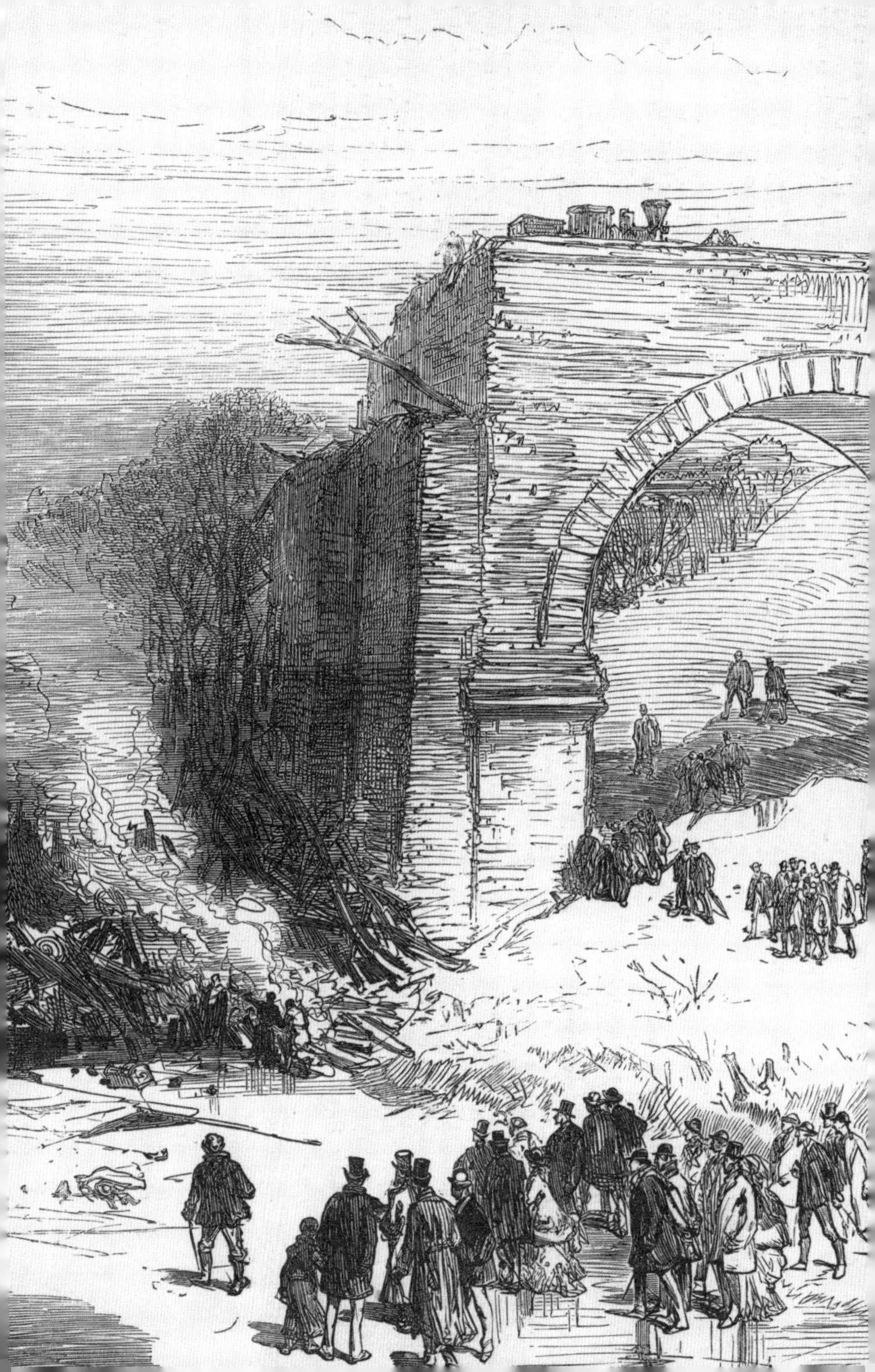

桥梁坍塌并不是引发铁路事故的唯一原因。随着铁路更加繁忙，撞车事故也发生得越来越频繁。铁路网上每增加一列火车都会增加一分撞车风险，尤其是在信号系统仍然不完善且缺乏稳定性的时候。在美国更是如此，因为这里仍然是根据时刻表和火车订单系统发车的。本来，这意味着列车可以按预设的时间间隔出发，而且如果列车意外发生故障，也可以仰赖一位信号旗手沿轨

泰河铁路桥灾难中，一列火车在1879年12月的一个暴风雨之夜坠入河中。事故的原因是工程设计存在缺陷，该事故的发生推动了诸多铁路技术的改进。

道逆行，提醒后面的列车。但不可避免的是，这种程序偶尔会失灵。虽然有时可以用当时通用的电报来防止事故的发生，但一旦火车开动，就没办法进行沟通了，也就是说，可能导致撞车事故的错误无法及时纠正。事故的潜在原因各种各样：铁路工作人员缺乏经验、误读列车指令、额外增开特殊列车（如假日专列），以及最糟糕的——在单轨线路上晚点的司机偶尔会疏忽大意，忽略有两条轨道的特定交叉点的预定交会处，从而使列车面临相撞的

风险。

这一系列灾难表明，在19世纪的大部分时间里，对该行业的外部监督都很少。在欧洲，有一些早期的立法，例如部分法律要求英国贸易委员会参与事故调查，但总的来说，该行业实行的是自我监督。在美国，一些州设立了负有部分检查铁路职责的机构，但直到19世纪70年代，这才开始成为常态。值得注意的是，直到1901年，要求铁路公司向政府报告事故才被写进法律。总体来说，提升铁路安全就是要吸取教训，所以报告非常重要，甚至在这项立法之前，改善就已经开始了。

在英国，防止撞车的方法比美国更复杂，它依赖于一个由信号系统控制的轨道"区块"系统，来避免两辆火车在某一时刻出现在同一区块内。1889年6月爱尔兰阿马铁路事故发生后，该系统有了极大的改进。这次灾难共造成80人死亡、240人受伤，其中大部分是参加主日学校郊游的学童。载着孩子们的笨重火车要爬上一面陡坡，但因火车头动力不足，火车停滞不前。列车员于是决定将列车分开，先带动前半部分，而使后半部分暂留在运行线路上。然而由于后半部分列车没有独立刹车，它滑下斜坡，与后面的列车相撞，酿成了一场惨剧。

阿马铁路事故凸显了几个问题，其中最显著的是如果系统发生故障，火车未能在此时提供应急保护的自动刹车。这一事故不

> 19世纪下半叶，铁路事故不断增加，人们对铁路公司及其在安全设备方面的不作为提出了越来越多的批评，正如1874年9月《笨拙》杂志刊载的这幅图片所示。

PUNCH, OR THE LONDON CHARIVARI.—SEPTEMBER 26, 1874.

RAILWAY RESPONSIBILITY.

MR. PUNCH. "NO, NO, MR. DIRECTOR, *THEY*'RE NOT SO MUCH TO BLAME. IT'S *YOUR* PRECIOUS FALSE ECONOMY, UNPUNCTUALITY, AND GENERAL WANT OF SYSTEM THAT DOES ALL THE MISCHIEF."

仅是当时欧洲最严重的铁路事故，还是英国铁路史上影响最深远的事故，因为它促成了更严格的法律的出台。L.T.C.罗尔特是最著名的记叙铁路事故的专著《红色代表危险》的作者，能言善辩的他在书里写道："在那趟命运悲惨的旅游列车被撞碎的车厢里，铁路工作过去逍遥自在的时光终于走到尽头，现代阶段开始了。"[3]在阿马撞车事件发生后不到3个月，《铁路管理法》(1889年)出台，它制定了一个"联锁、闭塞、制动"的系统，一直沿用至今。联锁，即确保信号与轨道点的设置方式一致；闭塞，即将轨道分为若干分区，分区内同一时间只允许一列火车通行；制动，即为每列火车加装一个连续制动的故障保险系统。用法案原文来讲，"制动必须即刻生效，而且能让火车司机和警卫……对列车上的每一节车厢主动制动，无论该车厢是否载客"。

在美国，根据《州际商业法》，一个名为州际商务委员会的联邦机构于1887年成立，并在安全监管方面发挥了越来越积极的作用。该委员会统一收回了各个州对铁路安全事务的管辖权，并开始调查事故的原因。因为有了这种干预性更强的制度，当时铁路上快速增长的事故发生率急剧下降。

尽管从每百万旅客周转量的死亡人数来看，铁路安全审查力度的加大降低了事故发生率，但仍有几起事故的死亡人数达到三位数。这种情况更多出现在第一次世界大战期间，当时铁路使用过度，维护工作相应缩减，英国、法国、罗马尼亚和美国都发生了重大的铁路事故，死亡人数高达数百人。1917年1月，发生在罗马尼亚的丘雷亚火车事故可能造成了1000多人死亡，而同年12月，在法国东南部萨瓦省的圣米歇尔—德莫里耶纳，一列军车脱轨，引发火灾，导致至少650人丧生。不过，我们在最后一章会看到，近年来，由于技术的发展和更严格的检查与监测手段的采用，世界各地的大规模铁路事故已变得越来越罕见。

* * *

在19世纪的最后25年里，人们乘坐火车时除了感到更安全，总体的体验也更好了。在英国，火车引入通道和连廊，人们在旅途中能从一节车厢走到另一节车厢，这是提升乘客舒适度的一项重大举措，主要因为从此以后乘客就能在车上上厕所了。早期火车上没有为旅客准备的卫生间，长途列车一般会在预定地点停靠，让乘客"舒服地方便"。不过，乘客自带方便设施的情况很常见，车站附近的商店也会出售"旅行用品"，这是一种绑在腿上的橡胶

1865年，乔治·普尔曼设计了他的第一辆豪华卧铺火车，他的名字后来成为高级火车旅行的代名词。

制品，可以藏在日常穿的衣服下面。[4]男性在内急的时候可以打开车门解决，女性却受到诸多限制。但她们也会随机应变，带上几只大篮子，在里面藏一只便盆，当时穿的长裙也可以为那些在旅途中坚持不住的人做适当的掩护。从19世纪50年代开始，卫生间以非常缓慢的速度登上列车，到19世纪末，当英国普及了走廊式火车后，旅客才勉强能在车上找到用于方便的设施。我们可以看到，美国火车在这方面领先于欧洲，因为它们差不多从一开始就为长途旅客准备了车载卫生间。

为旅途中的乘客提供饮食这项工作推进得更慢。在英国，最早在火车上用餐的是1875年来自德比的乘客，米德兰铁路公司为其提供了午餐篮子，但重大变革当数1879年由伟大的创新者乔治·普尔曼首次运营的餐车。在国王十字车站和利兹车站之间乘坐大北方铁路列车的旅客可以额外付一笔费用进入餐车，享受火车厨房提供的饮食，当然，餐食需要额外付费。这自然大幅度提升了旅行的舒适度，但当时大部分旅客的活动都囿于车厢之内，车厢与车厢之间仍然没有连通。直到1893年，第一批走廊式火车才被引入使用。这种列车最早在伦敦和苏格兰之间的轨道上运行，车上的走廊连通所有车厢，在当时至少7个小时的旅程中，各阶层的乘客都可以使用餐车。

在美国，巴尔的摩至俄亥俄铁路公司在19世纪40年代末试行

东方快车于1883年开通，在之后的一个多世纪里，它载着乘客穿越整个东欧，连接起巴黎和君士坦丁堡（现在的伊斯坦布尔），但车上从未发生过谋杀案。

CHEMINS DE FER PARIS-LYON-MÉDITERRANÉE
SIMPLON-ORIENT-EXPRESS
LONDRES
PARIS
DIJON
LAUSANNE
TRIESTE
VENISE
BELGRADE
BUCAREST
SOFIA
NISCH
BORDEAUX
LYON
MILAN
TURIN
SALONIQUE
CONSTANTINOPLE
ATHÈNES
ROGER BRODERS
LONDRES-PARIS-BUCAREST-ATHÈNES-CONSTANTINOPLE
IMP. F. CHAMPENOIS. PARIS.

Cie WAGONS LITS
CIE INTERNATIONALE DES WAGONS-LITS
PULLMAN CAR
The GOLDEN ARROW
ALL PULLMAN TRAIN
DAILY BETWEEN
LONDON CALAIS PARIS
Departs: LONDON 10.45 a.m. Arrives: PARIS 5.40 p.m.
Departs: PARIS 12 noon Arrives: LONDON 7.15 p.m.
PRINTED BY THE SUNGRAVURE PROCESS

了餐车，但尝试并没有受到欢迎。美国火车通常比欧洲火车的行程长得多，多年来它们总是会在有餐馆的车站停靠，但这些餐馆提供的饮食一般都很劣质。19世纪70年代，为了提升圣达菲铁路的餐饮服务，一个名叫弗雷德·哈维的企业家在铁路沿线——从堪萨斯州向西南进入新墨西哥州，直到加利福尼亚州——开设了一系列餐厅。"哈维之家"无疑提供了比以前更加卫生健康的饮食，但它们也因雇用女服务员（绰号"哈维女郎"）为顾客提供服务而闻名。

这项举措的开创性不仅表现在餐馆人员配备方面，还在于它

"金箭号"（法语为Flèche d'or）是伦敦和巴黎之间的豪华港口联运列车，从1926年营运到1972年，速度最快时全程仅需6个小时。

有助于将年轻、单身（还绝对正派）的女性带到西南地区，在此之前，在西南地区的农场和牧场工作的青年男性移民极少有合适的婚配对象。"哈维女郎"的名声极大，后来这一形象甚至成了1944年由朱迪·加兰主演的同名音乐电影的主题。

美国铁路公司在引进卧铺列车方面行动也更加迅速。当长途旅行成为常态，而且火车能够在夜间运行，铁路公司就开始提供毯子或枕头，以方便乘客入眠。1843年，纽约至伊利铁路公司将第一批专门打造的卧铺车投入使用。虽然铺床的时候能借助相对铺位中间的铁杆，但乘客抱怨卧铺上的马鬃垫席太粗糙，几乎让人无法入睡。

普尔曼再一次带来了变革。1859年，他率先改造了芝加哥至奥尔顿铁路公司的两节车厢，安装了如今世界各地的卧铺乘客非常熟悉的上下铺。虽然内战中断了这项革新成果的推广，但在内战结束与横贯大陆铁路建成后，普尔曼的卧铺车厢开始出现在全国各地的火车上，不仅提升了它们的舒适度，还使其能容纳更多乘客。普尔曼的卧铺车厢是开放式的：乘客睡在与轨道平行的铺位上，隐私全靠窗帘保护。这种卧铺车厢后来传入了欧洲，但很快成为大西洋彼岸卧铺车主要供应商的，却是比利时企业家乔治·纳吉麦克1874年成立的国际卧铺车公司。与普尔曼的开放式车厢不同，后者的车厢中会划出多个隔间，乘客躺卧的方向与火车前进的方向垂直，这种设计似乎更符合欧洲人的口味。该类卧铺车大获成功，纳吉麦克因之构建起一个跨越欧洲许多国家的卧铺列车网络，其中最著名的是东方快车，它首次运行于1883年，途经布加勒斯特、布达佩斯和维也纳，连接起君士坦丁堡（伊斯坦布尔）和巴黎。此后，普尔曼慢慢撤出了卧铺车市场，但他的餐车（如"布莱顿美人号"和借助轮渡连接伦敦与巴黎的"金箭号"）大都附于原有的火车上，成了奢华的代名词。

这是一个黄金时代的序幕。铁路已经成为世界上所有发达国家基础设施建设的重要组成部分，而且它的许多用途在很大程度上都具有垄断性。在人员、货物（包括矿物）的运输方面，根本没有比铁路更有效的方式。而且大体来看，它的发展势头会越来越好。

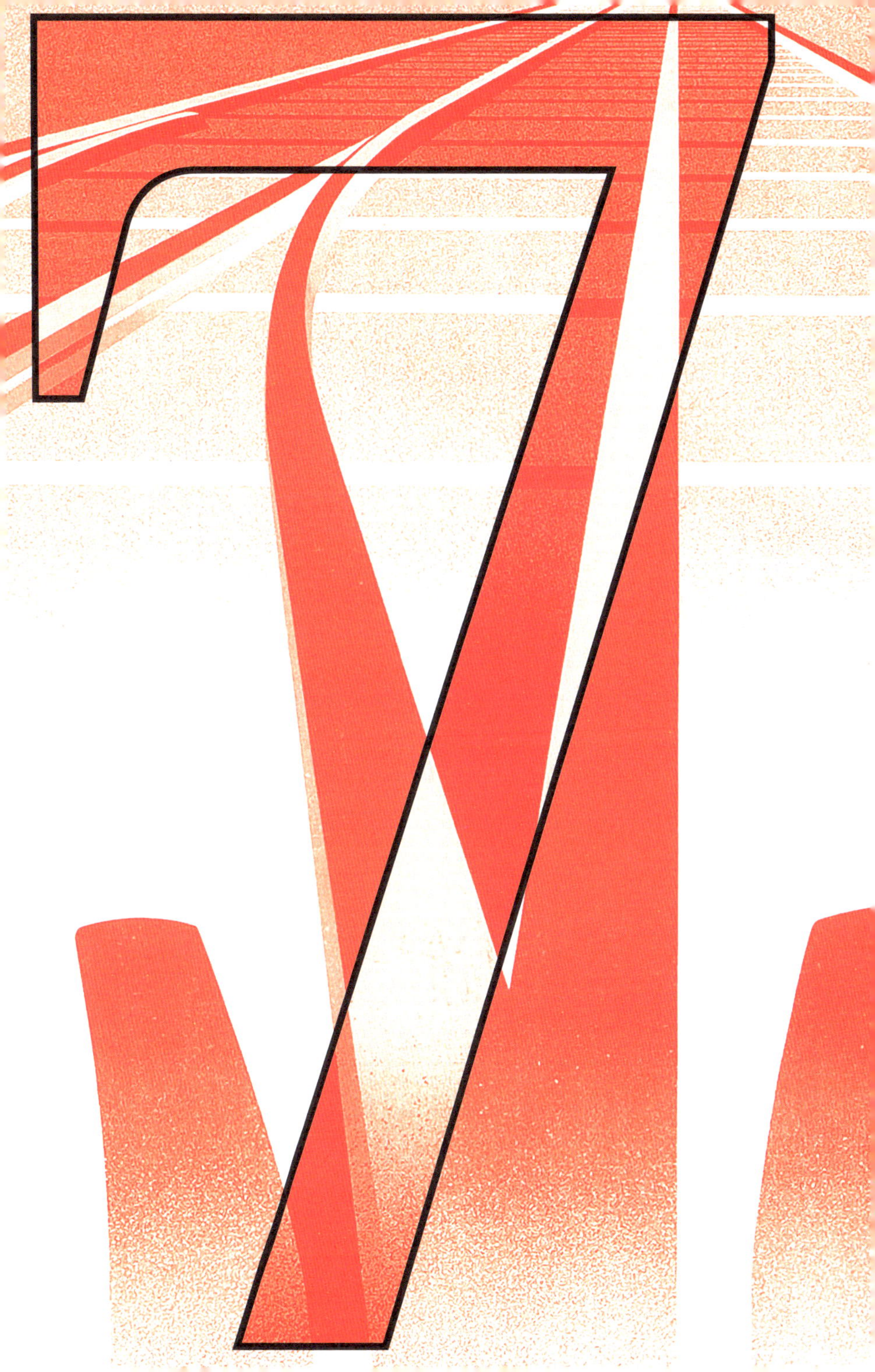
7

* * * * * *

某种黄金时代

铁路怀旧论者沉浸在某种"黄金时代"的记忆中：那时人们能够乘坐舒适的火车，在装修奢华的车厢里，还能享受无微不至的服务。电影对过往火车旅行的表现延续了这一幻想：简朴却打磨得锃亮的火车头喷着蒸汽，乘客们坐在温馨的车厢里，心情愉悦地奔赴目的地。上车时，有穿着漂亮制服的行李搬运工恭恭敬敬地将他们引到座位上，旅途中，他们可能会在铺着白色桌布的餐桌旁享用晚餐。与此同时，火车的行驶速度恰到好处，慢的时候能够让乘客欣赏乡村美景，但快的时候，又足以使其准时到达目的地。

对这种画面保持怀疑的态度非常重要。当然，从20世纪初到第一次世界大战爆发，铁路确实处于一个很好的发展时期，而且直到第二次世界大战爆发前，火车及其舒适度都在不断改良、提升。但即便是这些所谓铁路旅行的光辉岁月也绝非完美，对于不太富裕的乘客，或是偶然到铁路网主线之外的偏远地区旅行的乘客来说，尤为如此。

"一战"前后，世界上许多国家铁路的营业里程达到顶点，但还有几个大国（特别是中国、日本和印度）由于进入铁路时代较晚，在此后很长一段时间里都仍在修建铁路。在英国，严格按时间顺序来说，最后一条主干线是大中央铁路，它于19世纪的最后一年竣工，连通了伦敦新建的马里波恩站与英格兰的中部和西北部，此后直到21世纪初英法海峡隧道建成，英国直达欧洲大陆的高速铁路开通，其间一直没有新的主干线落成。大中央铁路是爱德华·沃特金爵士的心血结晶，这位铁路实业家涉足的领域之广，使人们不禁好奇：他是如何同时应对这些五花八门的业务往来的？他被描述为一个自大狂*和赌徒，不过他也经营着伦敦的大都会铁路，后来还修建了现名伦敦地铁环线的部分路段。20世纪60年代，大中央铁路成了"比钦大斧"行动（一次目光短浅的行动）的牺牲品，它先是延伸至莱斯特和诺丁汉，之后又与沃特金的曼彻斯特、谢菲尔德和林肯郡铁路合并。由于新铁路与许多其他路线重复，能够提供优质的服务就成了其独特的卖点。它主打"奢华的速度之旅"，配有舒适的座位、精致的陈设和全走廊式车厢，使两个等级车厢中的乘客都能享用自助餐（奇怪的是，该路线上的火车车厢只分一等和三等，二等车厢被取消了）。

1899年启用的马里波恩站是伦敦最后建成的火车站，与沿尤斯顿路向东几英里那3个气派得多的邻居相比，它显得很不起眼。铁路迷、早期铁路遗产保护先锋、诗人约翰·贝杰曼不无挖苦地将其描述为"曼彻斯特郊区的公共图书馆分馆"。[1]

到20世纪初，英国的铁路系统基本建成。每个城镇和大多数村庄都接入了铁路网，总路线长达18700英里（30094.7公里）；虽然"一战"开始前又增加了1000英里（1609.3英里）左右，但新增的主要是伦敦地区现有线路之间的连接线、相邻城镇之间的近路和一些郊区路线。因为无须再将所有盈余资金用于继续扩张，

---

* 沃特金投资的项目包括温布利塔，即拟建于伦敦的英国版的"埃菲尔铁塔"，但该塔只建到第一层就废弃了；还有一项英吉利海峡隧道挖掘工程，只挖了1.8英里（3公里）就停工了。

铁路公司终于能够投入大量资源来改善服务。在19世纪的最后25年里，火车旅行的条件得到了极大改善。服务常态化，车厢更干净、舒适，还引入了暖气、更好的照明设备（先是煤气灯，后改为电灯），以及上一章提到的卫生间等设施。

虽然绝大多数乘客乘坐的是三等或二等车厢（有些铁路与大中央铁路一样，车上只有两个等级的车厢），但铁路公司却将其工作重心放到了更富有的旅客身上，为了引流，它们纷纷推出更快更好的服务，竞争激烈。例如，大西部铁路公司运营从伦敦到伯肯海德的线路，以轮渡横渡默西河，它的竞争对手是伦敦和西北铁路公司的利物浦铁路；而南方铁路公司和大西部铁路公司都有列车可以到达埃克塞特。在伦敦和西北铁路公司的部分列车上，甚至为没有带秘书的忙碌商人提供打字服务，但因为害怕行业间谍，这项服务显然无法推广开来。

奢华也成为一个关键的卖点。伦敦、布莱顿和南海岸铁路公司推出了开往布莱顿的普尔曼列车，配备有7节光鲜亮丽的普尔曼车厢。其广告称，这些车厢"装饰精美，用电照明，温暖舒适，通风良好，采用了所有最新改良的技术"。所有这些仅为了短短一个小时的旅程！20世纪初期，美国也经历了一场追逐奢华旅行的热潮。普尔曼的豪华列车服务蓬勃开展，尽管附加票的票价很高，但乘客人数仍从1900年的区区500万人增加到1914年的2600万人，提高到了原来的5倍多。美国普通列车的乘客也收获了更舒适的旅行体验。在20世纪初，电力照明成为火车的标配，还有更多火车采用蒸汽供暖,这种方法比此前惯用的危险的烧煤大肚炉要安全得多。

铁路的技术改进持续快速开展,随着铁路公司的利润越来越高,这些改进成果得以迅速投入使用。铁路提速不仅是一种缩短旅行时间的方法,也是一种吸引公众关注的手段。1888年,伦敦和苏格兰之间开展了一系列竞速比赛。19世纪90年代,比赛再次上演,一方是大北方铁路公司及其东海岸干线上的合作伙伴,另一方则是伦敦和西北铁路公司及其西海岸干线上的合作伙伴,这场比赛引起了公众的极大兴趣。西海岸干线的火车到达格拉斯哥需要10多个小时,比东海岸干线经爱丁堡抵达格拉斯哥的火车多用1个小时,因此,大北方铁路公司赢得了原属于竞争对手的大量业务。从1888年6月起,两家公司为了缩短旅行时间针锋相对,8月,双方召开会议,商定了新的时刻表,总体比原来的时间快2个小时。然而,1889年12月福斯桥建成后,新一轮的较量开始,两家公司的火车到阿伯丁的用时比以前短了许多。

1895年夏天,两家公司争夺起利润丰厚的"松鸡运输权"。每年8月12日松鸡狩猎季开始前,贵族们会纷纷赶往北部的苏格兰高地。两家公司都用了"卑鄙"的手段,它们开设的专列只有几节车厢,而且在车站停留的时间很短,这样便能用最短的时间抵达目的地。最终,伦敦和西北铁路公司胜出,从伦敦到阿伯丁耗

> 两次世界大战期间,南方铁路公司开始对其名下几乎所有的轨道进行电气化改造。该项目大大提高了运行效率,还吸引了大量乘客,这尤其体现在郊区铁路网上。

ELECTRIFICATION!

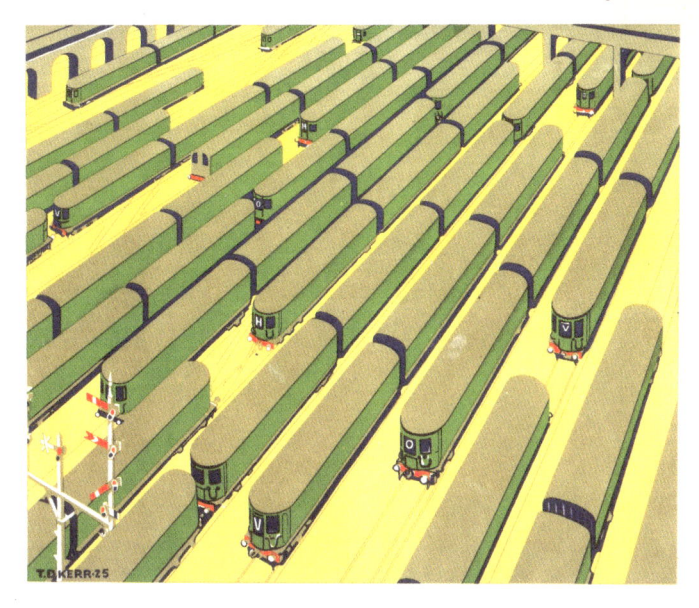

700 MILES OF SOUTHERN RAIL-
WAY WILL BE ELECTRIFIED BY
SPRING NEXT YEAR ~ 3 NEW
SECTIONS OPEN THIS SUMMER
~ 3 ELECTRIC FOR EVERY STEAM
TRAIN NOW RUNNING ~ ~ ~
~ TOTAL COST £8,000,000

WORLD'S GREATEST SUBURBAN ELECTRIC

SOUTHERN

时8小时32分钟，平均时速为63英里（101公里）。经过一个多世纪的技术改进，今天从伦敦到花岗岩城的最快列车耗时只比先前快了90分钟，但这在当时已经是一项了不起的成就。

在这场"北方竞赛"之后，很多公司纷纷效仿，缩短行程用时，减少不必要的延误。然而，对速度的追求引燃了一些司机心中的某种狂热情绪，他们经常放开速度，毫不节制。这种态度无疑导致了1896年8月15日——1895年8月臭名昭著的阿伯丁竞赛一年后——的一场灾难，当时一列火车在普雷斯顿脱轨。意外的是，这列火车并没有在那里停车的计划，所以司机无视弯道上每小时10英里（16公里）的限速，以45英里（72公里）的时速飞驰而过，前面的火车头就这样不可避免地冲出了轨道。令人惊讶的是，只有1位乘客死亡，但经过这次事故，人们的态度变得更加谨慎，许多快车时刻表也因此放慢。事实上，铁路公司很重视超速带来的事故风险。1904年5月，大西部铁路公司的"特鲁罗城号"在从普利茅斯到伦敦的例行邮件递送途中，某一小段里时速略超100英里（160公里），打破了蒸汽动力机车的世界纪录，但该公司直到3年后才敢公开这一成绩。不过，虽然大西部铁路公司如此小心翼翼，但"特鲁罗城号"的壮举还是展现了铁路技术的进步程度。

这不仅是一个技术进步的时代，也是铁路公司首次尝试用电气化火车替代蒸汽火车的时期。电力火车有许多好处，尤其是它们更清洁、加速度更大，但它们也要求大量轨道和机车等方面的设备投资。1881年柏林郊区开通了首条电车线路，到19世纪80年代末，当地另外几条电力驱动的电车轨道也开始运营。1888年，美国第一辆"有轨电车"（它在当时的称呼）在弗吉尼亚州的里士满开通，很快，"有轨电车"就遍及美国的许多城镇。与19世纪中期以来世界许多地方采用的马拉电车系统相比，它们更高效，成本也更低。

英国最早的电气化铁路是城市和南伦敦铁路（现在是伦敦地铁北线的一部分），它开通于1890年，同时也是世界上第一条深层地铁线。起初，人们设想建造一种缆车，由静态蒸汽机牵引，但因为它的营业里程长达4英里（6.5公里）且弯道众多，这一设想难以实现，不过这种新式牵引力为承建者带来了福音。尽管这条线路在早期动力严重不足，有时候甚至无法爬过缓坡抵达威廉国王街的终点站，以致不得不返回再做尝试，但人们仍认为这条铁路很成功，并很快在伦敦和其他地方建造了另外的电力地铁。伦敦的早期线路——大都会铁路和区域铁路（现在延伸出了许多支线）——都在20世纪的前10年里实现了电气化。一些短途的郊区线路也紧随其后，如利物浦高架铁路以及兰开夏和约克郡铁路公司的多条郊区线路，但英国的大规模电气化计划直到第一次世界大战结束后才开始实施。

在将电力应用于铁路方面，瑞士处于世界领先地位。1899年，布格多夫—图恩铁路成功实现电气化，成为欧洲第一条电气化干线。瑞士人很快意识到，就本国快速扩张的铁路网而言，电力比蒸汽动力更适合穿越其中无穷无尽的长隧道，也更适合多山的地形，因为电力机车更擅长攀爬陡坡。值得注意的是，1960年，瑞士昂然成为世界上第一个铁路网完全电气化的国家。

1895年，巴尔的摩至俄亥俄铁路在巴尔的摩周围新开了一段长达4英里（6.5公里）的线路，美国由此成为世界上第一个拥有电气化干线的国家。然而，由于引进电力的成本太高，除了曼哈顿和北美大陆之间的哈德逊河下方的隧道外，美国基本放弃了使用电力；直到今天，美国整个铁路网几乎还是在用柴油机车作为动力源。

考虑到电气化技术已经出现了一个多世纪，且具有明显的优势，诸如性能更好、机车维护成本更低，可以说铁路电气化的速度比预期的要慢。电力普及比例如此低的原因有：电气化的初始成本较高，可用的技术种类极多（这导致同一个国家内会采用不兼容的多种系统），以及铁路管理部门的保守。然而，我们在下一章会讲到，新的线路，包括现在遍布世界各地的高铁网络，全部都是靠电力驱动的。

* * *

1916年第一次世界大战期间，美国的铁路网发展到顶点，总长超过25万英里（40万公里），成为迄今为止世界上最大的铁路网。如今，该铁路网仅有不到一半幸存下来，而且幸存的大都是货运路线。汽车出现之前铁路旅行在美国的主导地位，以及"一战"后铁路旅行的迅速发展，都可以从如雨后春笋般出现的城际线中窥得。这些线路实际上是城镇之间的长途电车线，它们通常就建在路旁，轨道十分简陋。一旦电力牵引广泛普及，它们就开始了迅速的扩张。20世纪初，电车网络的长度为200英里（320公里），到第一次世界大战爆发时，这一数字已经飙升至15000英里（24150公里），令人震惊。当时，如果搭乘当地城镇间那些城际列车，可以从纽约一直坐到威斯康星州，而且车票也很便宜，城际列车的票价一般只售10美分，这是真的便宜，因为其行驶路程可能长达50英里（80公里）。不过这些车速度很慢，平均时速只有20英里（32公里），它们的存在主要是为了沟通农村、郊区与当地城镇，或连接两个相邻的大城市。在汽车尚未出现时，城际列车对当地人来说是一种经济高效的出行工具。但好景不长，第一次世界大战后，随着机动车的竞争力越来越强，城际线陆续停运。到20世纪30年代，它们的列车和轨道都需要翻新，但这在经济上并不可行，所以它们几乎全部被淘汰了。

虽然城际列车采用电力驱动，但人们普遍认为，要使干线走向现代化，更恰当、更经济的方式是用柴油机，而不是电力。柴油机除了需要减少弯道、加强维护来使其适用于高速运行外，并不要求对铁路线路做重大改变。人们觉得蒸汽机肮脏、效率低下，还需要经常维护。因此，当内燃机在19世纪末面世时，人们就尝试着将这种新式发动机用于铁路。第一次试验用的是汽油，但事实证明它的效率较低（"一战"时，直达战壕的一些窄轨铁路上曾使用小型汽油机),而且成本太高,无法用于大型发动机。然而,由鲁道夫·狄赛尔发明并以其名字命名的新式内燃机,将对全世界的铁路产生巨大影响。这种内燃机没有火花塞,而是依靠高压加热的空气来引燃燃料。由于面临各种技术困难,柴油机车直到"一战"后才正式被投入使用,它们随即成为铁路现代化(尤其是新系列的豪华列车)的首选动力。德国一马当先,在20世纪20年代末就开始在铁路上试用柴油机。1932年,德意志帝国铁路公司推出了一种具有革命性的新式柴油火车——"飞翔的汉堡人",它往返于柏林和汉堡之间,平均时速为76英里(122公里)。这就要求它的时速长期保持在100英里(160公里),比当时世界上的任何火车都要快。后来,希特勒也利用这种火车进行宣传,以此来展示德国的工业实力和现代化。

美国的柴油机技术比其他地方发展得更快、更成功。人们认为飞机运载力有限且相对危险;然而,铁路公司很快意识到,威胁它们生存的是汽车,特别是在客运服务方面,为了求生,它们创造了一种采用柴油动力和流线型外观的新式火车,这与落后而又肮脏的蒸汽机车相比,堪称质的飞跃。这种火车一般由7到8节轻质不锈钢打造的车厢组成,发动机则由美国通用电气公司开发,采用的是新研制的合金材料;它们保证了人们在这个幅员辽阔的国家不得不进行长途旅行时,能够收获一种高度舒适的体验。这些火车主要连通各个城镇,为缩短运行时间,只在有限的站点停靠;同时,乘坐这种火车还作为一种现代旅行方式得到了大力推广。

1934年5月，芝加哥、伯灵顿和昆西铁路公司（简称伯灵顿铁路公司）大张旗鼓地推出了第一趟流线型列车，并将其恰如其分地命名为"先锋者微风号"。其首次运行是在科罗拉多州的丹佛和芝加哥之间，营业里程达1000英里（1600公里），平均时速为78英里（125公里）。由于速度太快，它需要采取特殊措施，如在所有平交道口安排巡逻人员。尽管如此，"微风号"和"有限号"（因中间停靠站极少而得名）整个系列的涌现，仍然改变了美国人乘火车长途旅行的方式。

这些被称为"流线型火车"的柴油机车是铁路公司的骄傲。它们后来也有改进，例如出现了针对富裕乘客的观光车厢，并升级了部分设施。它们光滑的外观混合了装饰艺术和现代主义艺术的特征，此后将被其他行业（尤其是汽车和家用电器制造商）竞相模仿。铁路运营商为了争夺客流互相竞争，不仅要在食物和酒水上更胜一筹，甚至还要打折促销。乘火车从伊利诺伊州的芝加哥到加利福尼亚州的洛杉矶，需耗时两天。这段铁路由艾奇逊、托皮卡和圣达菲铁路公司负责运营，它经常用其王牌流线型列车"超级酋长号"运送电影明星和影业大亨。它运行平稳，车厢装有空调，奢华格调无处不在，可谓第二次世界大战前夕世界上最好的列车。然而战争结束后，流线型列车很快就在与飞机的竞争中败下阵来，这些列车大部分都结束了运营，尽管其中仍有一些火

下页图
20世纪30年代，美国引进了一系列现代流线型列车（如"伯灵顿微风号"），改变了东西海岸之间乘火车长途旅行的方式。

某种黄金时代

ENTRANCE TO THE Zephyr →

WORLD'S CHAMPION
The BURLINGTON
Zephyr

HOLDER OF ALL LONG DISTANCE
NON-STOP RAILROAD RECORDS

DENVER TO CHICAGO MAY 26, 1934
1015 MILES IN 785 MINUTES
AVERAGE SPEED 77.6 MPH TOP SPEED 112.5 MPH

America's First Diesel Streamline Train

BUILT OF STAINLESS STEEL.
ELECTRIC SHOT-WELDED
POWERED BY AN EIGHT CYLINDER TWO CYCLE
660 H.P. OIL-BURNING DIESEL ENGINE
RIDES ON ARTICULATED TRUCKS.
RUNS ON ROLLER BEARINGS.
AIR-CONDITIONED.
EQUIPPED FOR RADIO RECEPTION.
WINDOWS OF SHATTER-PROOF GLASS.

Made by the
Edw. G. Budd
Manufacturing Co.
Philadelphia

Burlington
Route

车的名号被今天美国国家铁路客运公司的列车沿袭了下来。

在美国，人们曾几次试制可与柴油机车匹敌的蒸汽机车，却都以失败告终，因为柴油机的动力不仅更快、更可靠，而且关键的是，它在长途旅行中的运营成本更低。不过，20世纪30年代，为了弄清蒸汽机车技术是否还有机会胜出，英国做了最后一次尝试。当时，大西部铁路公司试图给火车加速，并宣称自己拥有世界上最快的列车——"切尔滕纳姆飞人号"，它以71英里（114.3公里）的平均时速从帕丁顿直达目的地格洛斯特郡。伦敦—苏格兰一线是一个利润丰厚的铁路市场，该地区的火车来自两家铁路公司——西海岸的伦敦、米德兰和苏格兰铁路公司（LMS）和东海岸的伦敦和东北铁路公司（LNER），它们互为竞争对手，但在尝试提速和改善铁路服务方面，却出奇地达成了一致。

上一章讲到19世纪90年代的火车比赛，自那以后，伦敦和苏格兰之间的火车并没有提速，两家公司有一个君子协定，即两地的火车用时不得快于8小时15分钟。然而，到1932年，这份长期存在的协议被撕毁，再次出现了一系列火车比赛。LNER最有名的列车是"飞翔的苏格兰人号"（不要将其与1862年起在伦敦和爱丁堡之间的东海岸干线上运营的同名客运快车混淆，每天上午10点，那种快车会同时从伦敦国王十字车站和爱丁堡威弗利车站发出）。20世纪二三十年代的英国蒸汽火车不仅速度快，而且外观漂亮，其流线型设计符合两次世界大战期间流行的装饰艺术风格。备受赞誉的"飞翔的苏格兰人号"设计者是LNER首席机械工程师奈杰

1923年，受伦敦和东北铁路公司委托，唐卡斯特工厂造出了奈杰尔·格雷斯利爵士设计的"飞翔的苏格兰人号"机车，该机车始终处于正常运转状态。

尔·格雷斯利，他与LMS首席机械工程师威廉·斯坦利之间的竞争引起了广泛关注，因为两家公司都在用新发动机进行高速试验。连司机也因此出名，经常有乘客体验过高速旅行后，兴奋地找他们索要签名。很快，新发动机驱动的火车就轻松地在速度上破了"特鲁罗城号"的纪录，其时速经常能达到90英里（145公里）。1938年7月，东海岸干线以制动试验为名，秘密进行了试运行，格雷斯利的"太平洋A4"型蒸汽机车"绿头鸭号"驶出了126英里

下页图
铁路公司对自己的铁路网现代化方案感到自豪，甚至宣传起这种快速进煤装置等技术难度较高的设备。

某种黄金时代　163

This ELECTRICAL PLANT on the LNER automatically coals "THE FLYING SCOTSMAN" in six minutes

（203公里）的惊人时速，这是蒸汽机车从未被超越的纪录。

技术进步使列车的速度越来越快。到1938年，"飞翔的苏格兰人号"从伦敦到爱丁堡只需要7个小时，而LMS的"加冕苏格兰人号"从伦敦到格拉斯哥只需要6.5个小时。当时最伟大的蒸汽机车设计师是法国工程师安德烈·查佩隆，他也可能是有史以来最伟大的蒸汽机车设计师。他没有采用普通工程师的试错法，而是用科学方法造出了效率高得多的蒸汽机车（不过当时只使用了所产生能量的12%），这意味着它们的性能之出色，堪比同时代的柴油机车。他是一位备受尊敬的工程师，英国的一台蒸汽机车甚至以他的名字命名，这是一种罕见的荣誉。

虽然蒸汽机车拥有华丽的外观，但还是不可避免地输给了其竞争对手——电力机车和柴油机车。不过即便在战后，1948年就已经完成国有化的英国铁路公司仍在坚持使用蒸汽动力，还生产了一系列蒸汽机车，虽然火车迷们因之兴高采烈，但当其他国家正集中全力开发替代性的动力形式时，这无疑是一种倒退。晚至1960年，英国最后一台蒸汽机车"黄昏之星号"才投入使用。也是在这一年，美国铁路干线送别了最后一台蒸汽机车，此后只在一些支线上，还能看到部分蒸汽机车的运行。

* * *

与此同时，铁路公司还在不断尝试改善火车旅行的体验。乘客可以阅读免费报刊，花上少许费用甚至还能租到耳机，把耳机插在座位后面的电缆插座上，就能收听最新资讯和车载DJ挑选的唱片。餐饮设施也得到了改善，乘客还能享受到去车站接送行李的特殊服务。这些改进由公关宣传，从很大程度上说，公关行业就是由铁路创造并发展起来的。宣扬特定火车旅行优势的海报在19世纪末就已出现，但直到"爱德华·伯尼斯时期"才被广泛使用。大西部铁路（绰号为"上帝的奇妙铁路"*）有一条这样的历史记录："GWR凭借出色的广告宣传远胜其竞争对手。它印发的旅游指南文风轻快，插图清晰、醒目，而且只售3便士。"[2]该公司每年都会制作一种名为《度假胜地》的小册子，列出其火车便于抵达的目的地。其他公司纷纷效仿，制订了各自的宣传计划。伦敦和西北铁路公司制作了一套明信片，每张上面都有其火车途径的风景如画的地方，通过自动售货机，这种明信片卖出了数百万张。有些公司在小册子上列出了它们采用的各类机车，不过要到"二战"结束后，猜火车才真正成为全英国青春期男孩的一种消遣活动。†

在20世纪初的几十年里，铁路旅行的体验可能一言难尽，不过当时绝对是铁路海报的黄金时代。许多铁路公司聘请当时的顶级艺术家来做设计，制作高档广告，这些广告一直流传至今。在长期担任总经理的弗兰克·毕克的带领下，伦敦地铁成了优秀设计的代名词。它不仅实实在在地制作了数以百计的海报，这些海报至今仍装饰着许多客厅和卧室，还创造了世界上最早且最著名

---

* Great Western Railway缩写为GWR，对应的英文绰号为God's Wonderful Railway。

† 包括作者！

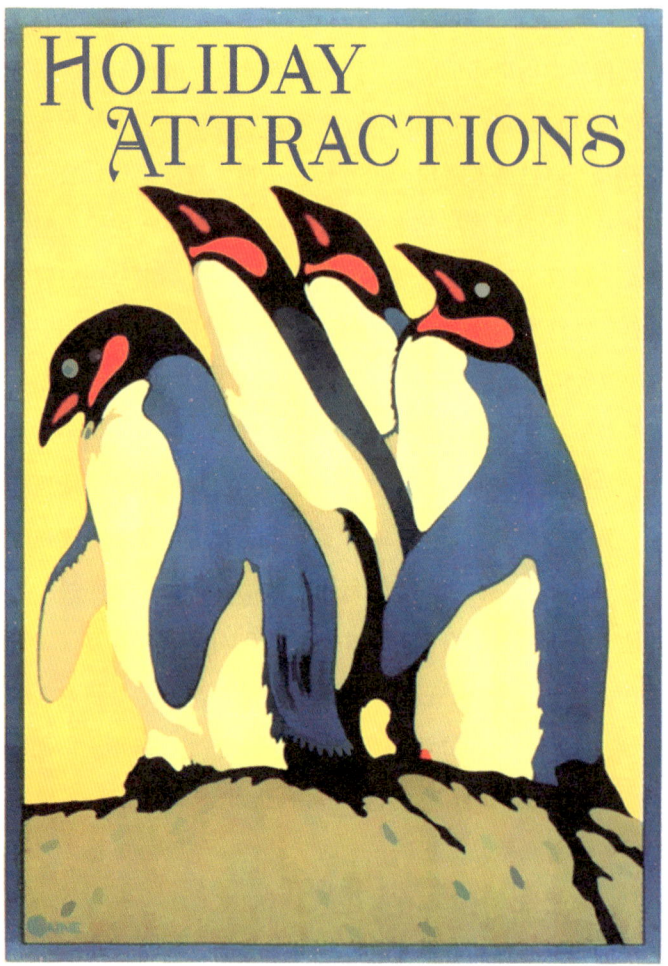

HOLIDAY ATTRACTIONS

For The Zoo, Book To Regent's Park or Camden Town

UNDERGROUND

的标志之一——圆标，以及优雅的无衬线字体——约翰斯顿体，如今它们仍在装饰着每一块地铁标志牌。

1923年，英国的铁路公司合并为"四大"公司，这使其能够在营销和广告方面投入大量精力。海报是其主要的宣传阵地，车站的墙上有大面积免费的空地可以张贴广告，除了铁路公司，其他企业也能使用这些墙壁。除了能帮助推广滨海度假胜地和其他旅游目的地外，铁路公司令人难忘的海报还为本章前面提到的那种著名的快车做了宣传。

如果确实存在铁路的黄金时代，那最接近这一时期的应该就是两次世界大战期间。不过，虽然维多利亚时代的铁路网络实现了现代化，铁路公司的合并也带来了规模经济，但当时大西洋两岸的铁路都深陷困境。"二战"期间，英国和美国的铁路网都非常繁忙，它们被过度使用，却几乎无力修复。战争期间，石油的匮乏以及由此造成的石油限量供应，大大促进了铁路发展，因为人们除了坐火车出行外别无他选。不过到了战后，铁路行业迎来了以关停和裁撤为特征的衰退期。铁路的黄金时代至此彻底结束。

从"爱德华·伯尼斯时期"到第二次世界大战期间，伦敦地铁的总经理弗兰克·毕克委托制作了数千张质量上乘的海报，这些海报至今仍是铁路交通系统了不起的遗产。

某种黄金时代　169

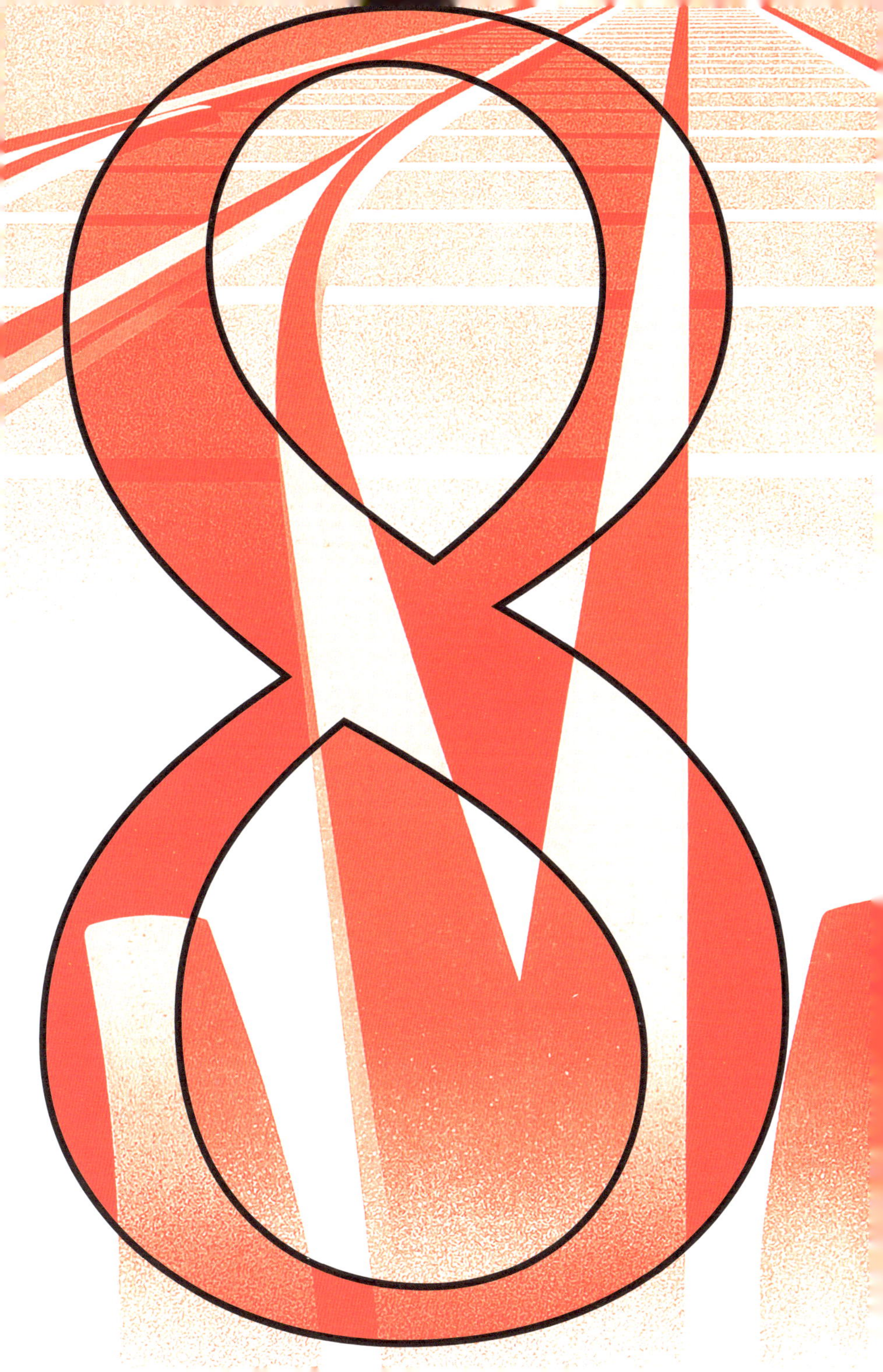

******

19世纪的发明进入21世纪

战争刚结束的那段时间对铁路来说是残酷的。一旦摆脱战时消费节制的约束,人们愈加富裕加上廉价燃料的重新供应,使公众首次获得了拥有私家车的可能。如此一来,铁路网络遭到忽视,并开始大范围关停。当你开着门外亮闪闪的汽车,花费极低的成本就能直达目的地,谁还需要铁路呢?

欧洲的许多铁路都在第二次世界大战中被毁。在英国,铁路虽然遭受的破坏较轻,但仍处于危险之中,它们由于在战争中扮演着关键角色,遭到了严重的滥用。欧洲战场的战争结束后,工党于1945年7月赢得大选,紧接着,英国铁路在1948年实现国有化,因为私营企业显然无法承担翻修铁路的花费。美国也是如此,对铁路的过度使用意味着它将在战后恢复缓慢。其他国家但凡铁路网遭到战争破坏的,也将铁路收归了国有。

到20世纪50年代,欧洲的铁路已经修复完成,但风头仍不及战前。政府将用于交通基础设施方面的大部分预算都投到了公路上,面对这种竞争,铁路已经开始走下坡路。随着铁路运力的下降和汽车的普及,铁路的衰退速度非常快。例如,在西德(联邦德国),新成立的国营德国铁路公司1950年占总客运市场份额的37.5%,20年后仅占7.8%。尽管不怎么明显,但其他欧洲国家也出现了类似的衰退情况。然而,东欧的社会主义国家基本都保留了它们的铁路,因为其公民大多都无力购买汽车,所以火车仍然是交通运输网络的基础。(讽刺的是,只有等到1989年"东欧剧变"后,东欧国家才开始缩减铁路网。但此时的西欧国家却纷纷意识到，实际上那些被弃置不顾且资金不足的铁路网，每条线路都可以转化为有用的经济或社会资产。)

西欧曾推出连通主要城市的欧洲快车（TEE），试图扭转战后铁路的颓势。作为建立欧洲共同体（欧盟前身）倡议的一部分，欧洲快车由几家国有铁路公司联合运营。1957年，贯通巴黎和阿姆斯特丹、法兰克福和苏黎世等城市的6条线路通车；该铁路网迅速扩张，覆盖了73座城市。欧洲快车成功吸引了商务旅客，并迎来了一段时间的繁荣，但后来其主要客户不可避免地被航空公司抢走，从20世纪70年代开始，它们逐步被市场淘汰。

在美国，铁路客运网的衰退甚至比欧洲更快。在战争刚结束的几年里，豪华列车继续运行，许多流线型列车首次配备了观光车厢。但没过几年——随着乘飞机出行越来越安全，航空线路网日益庞大，再加上大部分上班族都买了汽车——铁路旅客的人数急剧下降。1930年，75%的旅客是通过铁路出行的，40年后，这一比例下降到了7%，而其中的大部分，都是来自芝加哥、纽约等少数保留郊区线路的城市的通勤者。

美国客运铁路网关停的速度之快，部分与美国人偏好个性化而非集体化的决策有关。虽然铁路在美国好几代人的时间里一直是交通系统的基石，但一旦汽车变得廉价易得，人们就会不自觉地急于抛弃铁路，因为铁路从未完全摆脱强盗大亨时代积起来的不良声誉。乘客在流失，但铁路公司却发现自己无法摆脱在光景好的时候达成的工会协议的限制，因此其财务状况很快就变得岌岌可危，这种危机在它们失去美国邮局利润丰厚的长期合同时尤为严重。然而，它们不愿意接受国家的补贴或是管控，而是选择尽快关闭亏损线路，集中精力发展货运。事实上，铁路公司叫停客运业务的愿望极其迫切。有一次，旅客甚至在火车行驶到一半时就被赶下车，因为该公司当时刚刚拿到联邦当局的许可，已经有权停止客运服务。到20世纪60年代，没什么货运业务的铁路公司的破产已经司空见惯。通过兼并，其中少数铁路公司得以苟延残喘，但在1970年，美国剩余的所有客运线都移交至国营的美国铁路公司管理。这个世界上最伟大的推崇"自由市场经济"的国家被迫承认，面对汽车和飞机毫无节制的竞争，铁路不可能盈利。美国的铁路货运在20世纪70年代也出现了下滑，但在20世纪80年代又迎来了复苏。如今，它是一个利润颇丰的行业，主导权掌控在五六家大型公司手中。

在美国，大约有一半铁路网在战后的几十年里被关停，其余则依靠货运生存了下来。在英国，从20世纪30年代开始，就有一些线路被关停，而到第二次世界大战结束后，线路关停的速度加快了。1963年，英国铁路领袖理查德·比钦发表了一份影响深远的报告——《重塑英国铁路》，这是对大幅削减铁路网的委婉说法，随后一系列大规模的关停行动迅速展开。这一行动主要涉及的是那些看起来难以盈利的支线，但某些关键的主干线也遭关停，

下页图
第二次世界大战期间，英国铁路发挥了重要的运输功能，但由于炸弹破坏、过度使用且资金不足，其在1948年走向了国有化。

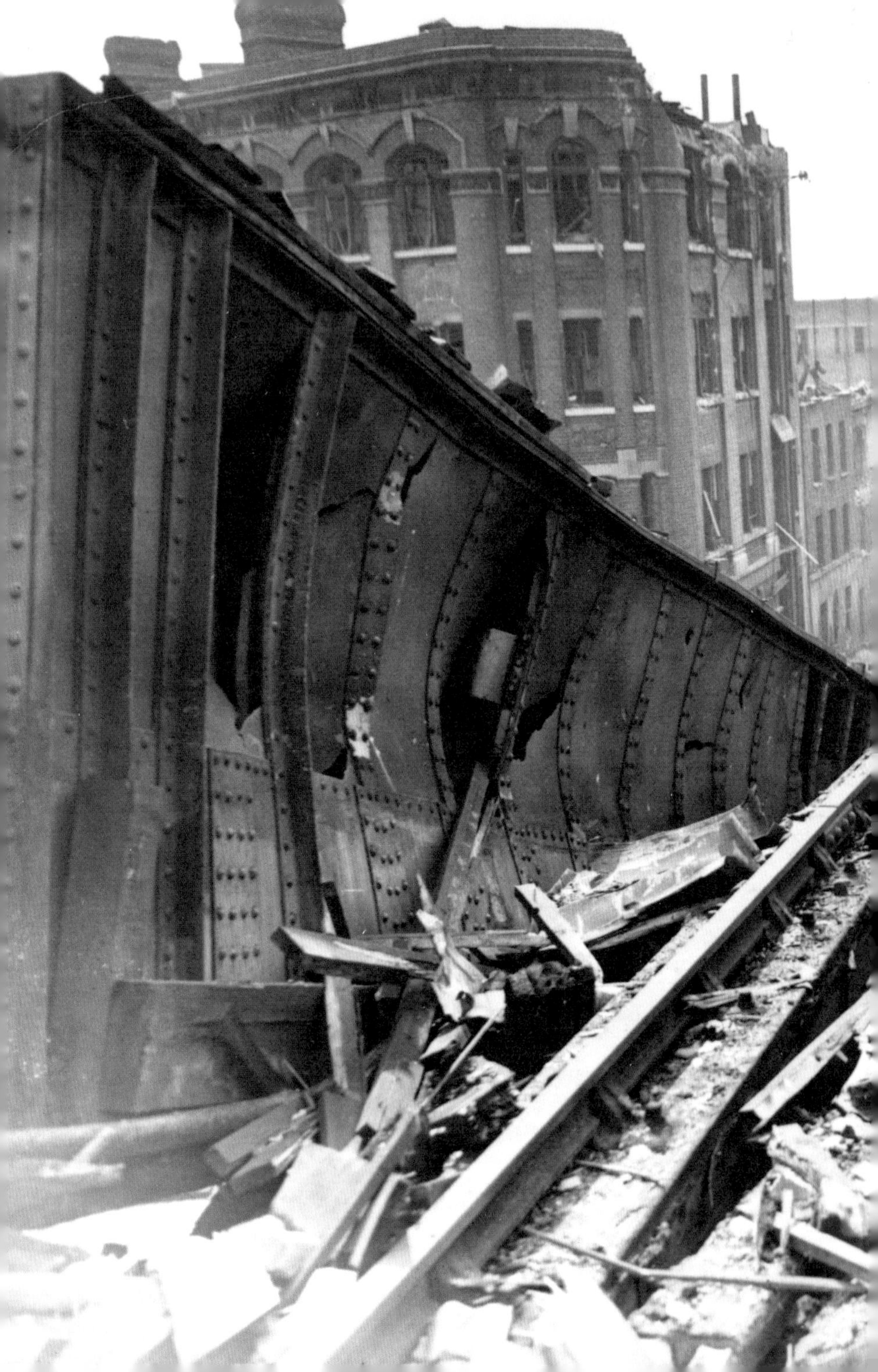

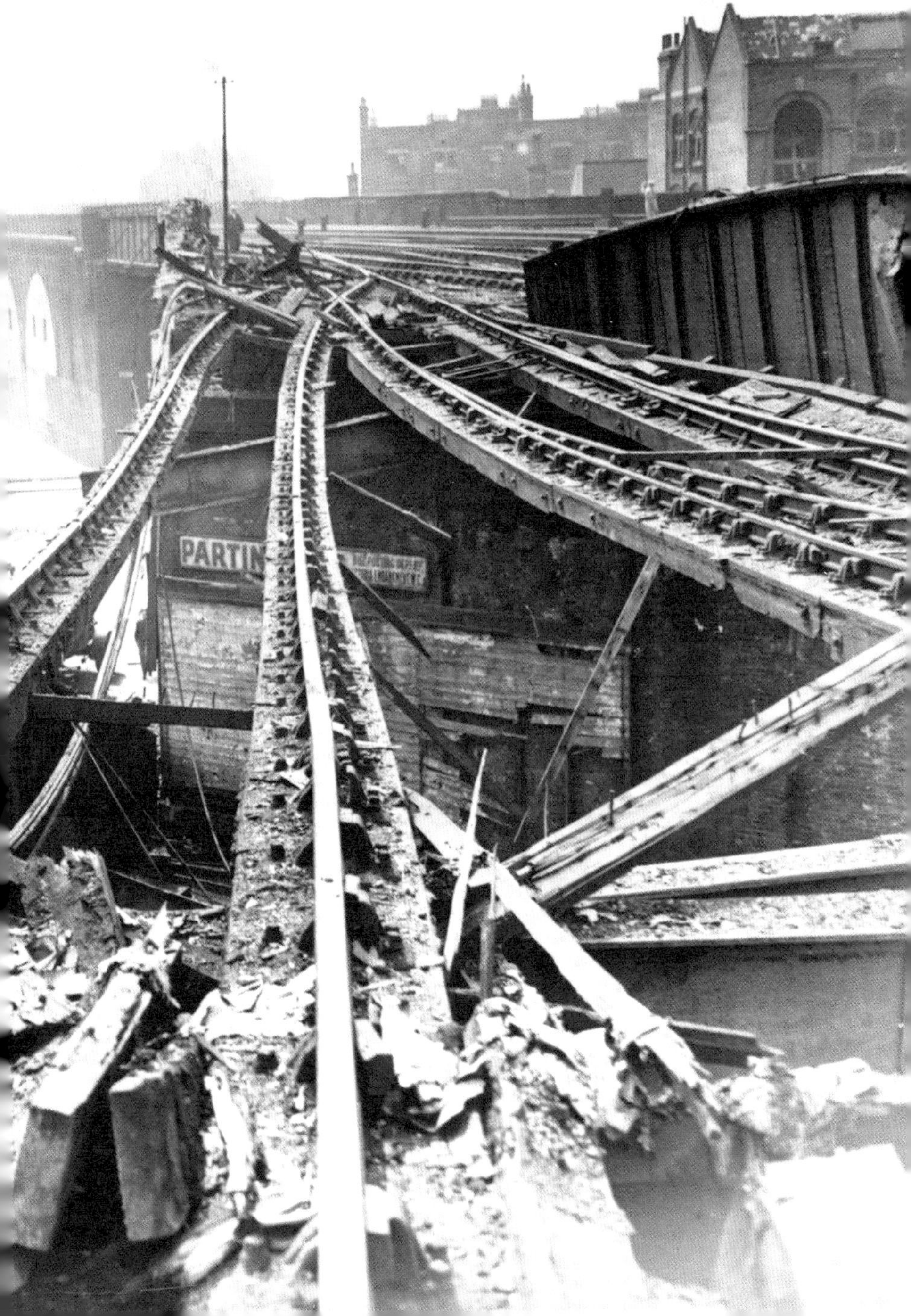
PARTIN

"二战"后世界上许多铁路进入了衰退期,多条线路被废弃,2015年在波兰拍摄的这条铁路支线即是如此。

特别是大中央铁路和牛津—剑桥铁路(其实比钦原本并未计划关停该线)。因为比钦的报告,英国在接下来的10年中关停了4000英里(6437公里)铁路(占总铁路营业里程的四分之一),以及3000个车站。

20世纪60年代和70年代,当全世界的汽车保有量迅速增加,而铁路却鲜有资金注入时,似乎属于铁路的时代已经一去不复返。然而到20世纪末,随着机动车道以及许多城市中心日益拥堵,铁路旅行在两个主要的领域重新成为一种理想的交通方式：一是休闲和商务旅客的长途城际旅行；二是通勤人员往返郊区的路线。

"二战"结束后，少数国家仍在修建传统铁路，但这无疑是例外。例如，与西伯利亚大铁路东段平行的贝加尔－阿穆尔干线，是苏联政府花了50年时间以高昂的人力成本建造的。1991年苏联解体后，这条铁路才最终竣工。在印度西部地区，从孟买到果阿的康坎铁路迟至1998年才开通，如今，印度铁路公司还在建设其他通往偏远地区的新线路。

技术进步为长途火车旅行带来了转折。日本拥有一个潜力巨大的铁路市场，因为大部分日本人居住在人口稠密的低地地区，而在东京和大阪之间320英里（515公里）的线路上，还长期存在过度拥挤的问题。时属国营的日本国有铁路没有选择在旧线上增加一条轨道，而是决定建造一条全新的线路，完全摆脱滞缓旧线的货运线路和地方线路。对该铁路公司来说，做出建造这条线路的决定是一个勇敢之举，因为铁路在当时普遍被认为是多余的，而且将来会被汽车和飞机取代。然而，事实证明这一决定是有远见的：大约在30年里，这种新式铁路将被全世界效仿，并有效地保证铁路在21世纪仍有现实意义。东京－大阪线的建造灵感不仅源于原铁路线的过度拥挤，还和1964年夏季奥运会在日本举办有关，当时日本仍在从第二次世界大战造成的破坏中恢复，需要大力完善交通基础设施。线路施工仅用了不到5年时间，正好赶在东京奥运会开幕式之前完成。这条开创性的新铁路被称为"新干线",字面意思是"新的干线",其上的火车俗称"子弹头列车",它以专用轨道、电力牵引、无急转弯、地势平缓以及列车自动控制系统,为未来的高速铁路项目树立了标杆。尽管与今天世界各地时速普遍能达到186英里(299公里)的高铁相比,它125英里(200公里)的时速还是相当慢,但它仍然使这两座城市之间的行程耗时减少了一半,只需3小时10分钟。虽然新线路很少出现技术故障,但乘客却出现了耳朵疼的情况,而且尴尬的是,列车经过诸多长隧道时气压升高,厕所里的秽物也会溅出来。因此,火车车厢必须加压,这项任务昂贵而又复杂,但它解决了乘客耳朵疼和厕所令人尴尬的问题。

15年后,其他国家才开始效仿。1955年,法国的一列电力火车驶出206英里(331.5公里)的时速,从此保持着火车速度的世界纪录,但在那次运行中,轨道发生了弯曲,说明高速铁路最好还是与普通铁路分开。在法国,原线路过度拥挤同样催生了新的高速铁路的建设,这里说的是巴黎-里昂高铁线。1983年,这两座城市之间开通了欧洲第一条高速铁路,即东南高速铁路,这条铁路历时7年才建成。与新干线一样,法国高速列车(TGV)在开通后迅速获得成功,几乎摧垮了这条线上往来频繁的航空服务。很快,其他TGV线路也投入建设。时至今日,法国的高铁网络以巴黎为中心,呈"六角形"(法国大陆边界的形状)辐射至全国各地。其中包括世界上最长的直达火车,这趟火车从巴黎到马赛,全长近500英里(800公里),路上仅需3个小时。

高速铁路在法国和日本的成功，确保了其在世界其他地方的迅速流行；许多国家也很快开发出了属于自己的高铁。在欧洲，西班牙开启了一个雄心勃勃的计划，即让高速铁路通到每一个主要城镇，到21世纪的最初几年，它已经超过法国，建成了欧洲大陆最大的高速铁路网络。意大利也建成了一条纵贯全国的高速线路，而且奇妙的是，它的铁路网上运营着两种互相竞争的列车：由国有铁路公司运营的红箭列车和由私营企业新旅客交通提供的法拉利列车。德国则生成了一个相当不同的理念——用高速路段连接部分普通轨道。

在英国，唯一的高速铁路是从伦敦到英法海底隧道入口之间长达67英里（108公里）的线路，欧洲之星列车经由该线路，将伦敦的圣潘克拉斯火车站与布鲁塞尔、巴黎及其他几个目的地连了起来，但从首都到伯明翰的高速铁路2号（HS2）也已开始建设，不过最终规划的终点站是利兹和曼彻斯特。在美国，虽然东北走廊线上购买了高速列车，但由于缺乏专用轨道且保留了平交道口，这条频繁使用的线路上的列车行驶速度仍然很慢，达不到国际标准。由于成本大幅增加，在旧金山和洛杉矶之间建造高速铁路的计划已经搁浅。而在美国之外，高速列车正在席卷全球，韩国、摩洛哥、土耳其、乌克兰和沙特阿拉伯的高铁计划或者还在筹划，或者已在建设中。从某种程度上来说，中国高铁的发展水平居于

下页图
从日本发端的高速列车引领着铁路的复兴。这张拍摄于2012年的照片显示了日本新干线的演变过程，右侧较新的列车与早期列车形成了鲜明对比。

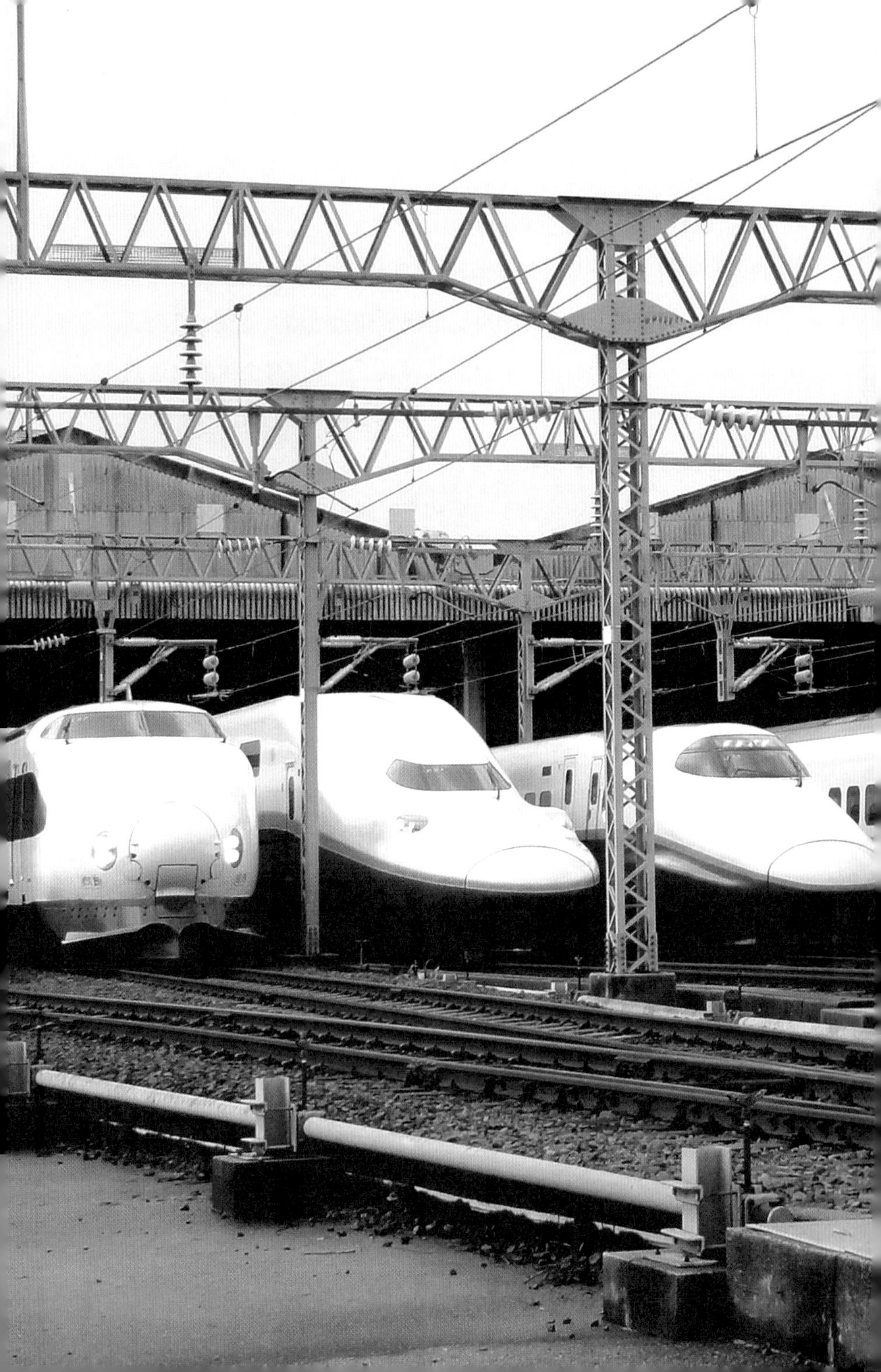

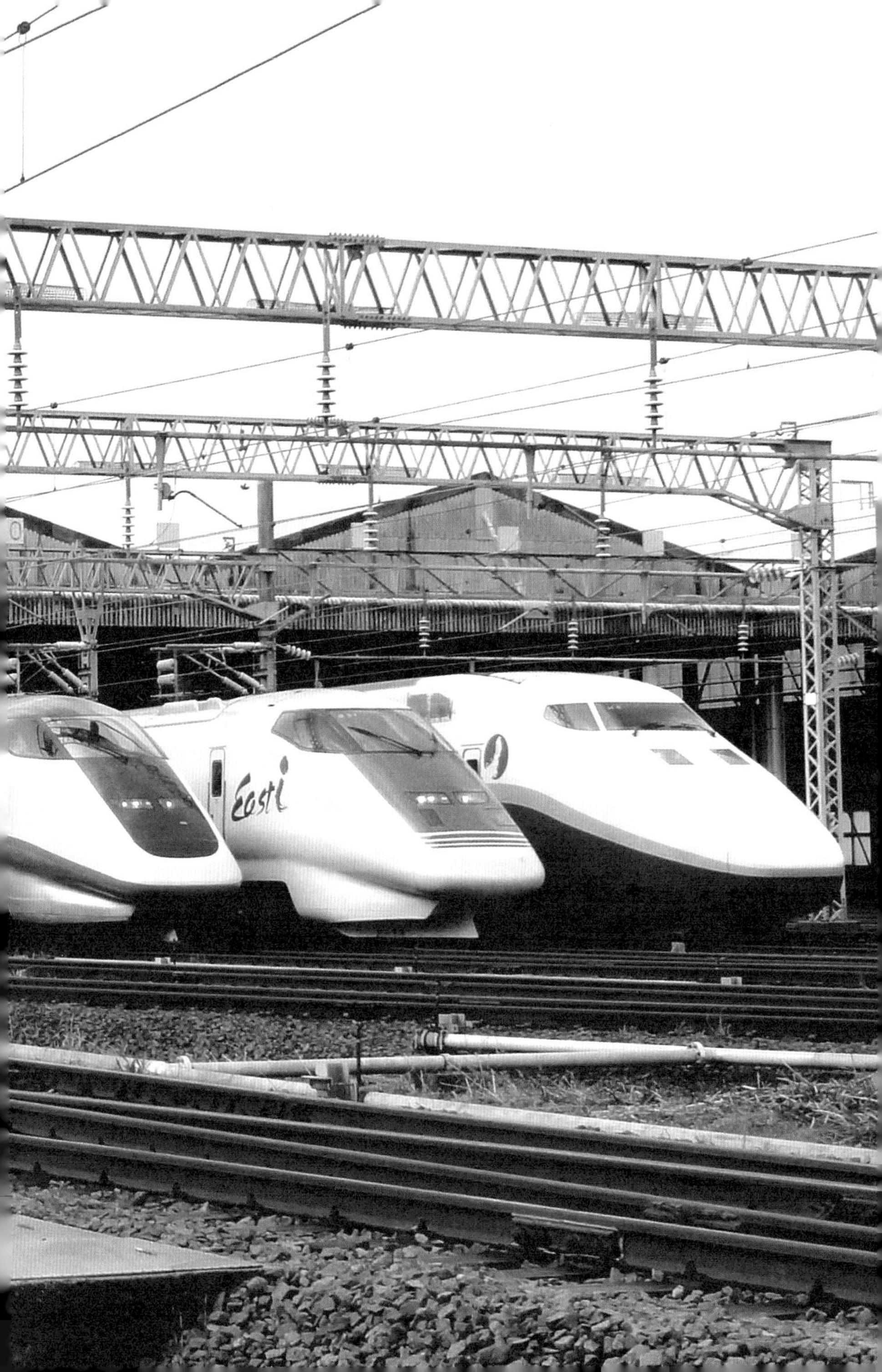
Easti

世界领先地位，中国政府投入大量人力和物力，打造了一个占世界全部高铁营业里程三分之二的庞大网络。2019年，中国高铁的营业里程超过21753英里（35000公里），预计到2025年，将增加到31069英里（50000公里）。

地铁系统的发展同样引人注目，尤其是在中国，在21世纪初，全中国仅有5个城市拥有地铁，到2019年，开通地铁的城市已经超过35个。地铁网络最发达的城市是上海，共有16条线路，长度极为惊人，达到420英里（约670公里）。这与世界上最古老的伦敦地铁系统形成了鲜明对比，后者只有11条线路，长达250英里（400公里）。2019年，世界各地大约有200个城镇拥有地铁，但未来10年预计会有更多地铁开通。战后或者被许多国家淘汰，或者被其他大多数国家缩减的有轨电车，也迎来了引人瞩目的复兴，世界各地几乎每个月都有新的电车轨道开通。其中一些是在以前从未通过有轨电车的城镇，但讽刺的是，它们中的大多数出现在战后电车被关停的地方，当时人们觉得有轨电车笨重且麻烦，妨碍了市区小汽车和货车的通行。

有轨电车和地铁系统的发展，不仅证明过去关停它们或拒绝注入新资本的交通政策是错误且缺乏远见的，也证明人们终于接受了一个残酷的现实，即市中心的交通网不能以汽车为重。甚至在铁路用量锐减的美国，"以公共交通为导向的发展"这一理念也已流传开来，在这种情况下，居民可以很方便地搭乘电力火车或地铁，而不再需要驾驶私家车。

同样，对长途线路来说，主要机动车道过度拥挤和火车（过去的普通火车也不例外）的速度优势，意味着通过城际铁路出行仍然是一个替代汽车出行的不错选项。而鉴于航空旅行的缺点，尤其是机场通常远在城外，旅客登机前还需经过多道安检程序，铁路旅行显然更有吸引力。货物运输也是如此，铁路更擅长远距离运输，因此在矿物、骨料等特定的工业领域，铁路货运已然蓬勃发展，这在美国、俄罗斯和印度等国表现得尤为明显。此外，在全球气候逐渐变暖的当下，火车旅行的环境优势也是有利于铁路投资的一个动因。

铁路另一个得到广泛认可的优势是其安全性。虽然重大铁路事故在19世纪和20世纪屡见不鲜，但现在已经非常罕见。许多国家的铁路网好几年都没有发生过致命事故。例如，英国上一次有乘客死亡的铁路事故还是在2007年2月，当时维珍铁路公司的一辆火车在坎布里亚脱轨，造成一人死亡。通过研究事故原因，从中吸取教训，并进行广泛的技术改造，才取得了如今的成效。这与公路的状况形成了鲜明对比，尽管近年来死亡率已经有所下降，但公路事故造成的死亡人数仍然居高不下。

* * *

在机动车出现之前，如果旅程超过几英里，铁路几乎是唯一可选的交通方式，但铁路再也不会像那时候一样无处不在了。一条铁路上每天可能只有两三趟火车，人们搭乘摇摇晃晃的火车经由支线去往邻近的村庄或城镇时，火车后面可能还挂着几节货运车厢，这种岁月已经像蒸汽机车一样永远消失了。我们不应该怀旧，但也不应该忘记铁路是如何帮助我们创造今天所置身其中的文明的。如本书所述，它们的影响永远存在，而且异常深刻。令人欣喜的是，21世纪的我们仍能享受火车旅行的好处，无论是日常通勤（通勤列车可能非常拥挤，但如果没有铁路，情况会更糟），还是长途旅行——在途中，我们的电子设备并不总能正常使用，但也正因如此，我们才有机会欣赏车窗外不断变化的风景。我们应该庆贺的是，自史蒂芬森家族以来的铁路先驱们如果见到今天的铁路，还能认出这是他们发明的后裔，即使现代的火车与当时的"火箭号"几乎毫无相似之处。在经历一段衰退期后，铁路如今已经成了现代生活的一部分，未来也将世代如此。这是一个即使是对19世纪的很多发明来说，我们都无法作出的断言。

大事年表

公元前1000年
希腊人为了让马车行驶得更加顺畅，在路上铺设了轨道。

14—15世纪
最早在德国，矿区的矿车使用了轨道，后来英国也效仿了这种做法。

1604年
亨廷顿·博蒙特在诺丁汉郡沃拉顿的一个矿场建造了英国第一条马拉铁路。

1725年
长达5英里（8公里）的坦菲尔德马拉铁路开通，其中包括世界上第一座大型砖石铁路桥——考西拱门。

1774年
詹姆斯·瓦特制造出第一台固定式蒸汽机。

1799年
理查德·特里维西克设计了一种高压蒸汽机，两年后又制造出一台全尺寸的路用蒸汽机车。

1803年
作为世界上第一条公共铁路，萨里铁路的一条双轨板轨开通，连接了旺兹沃斯和克罗伊登镇。这是一条全程双轨的板轨，轨距约为5英尺（1.5米）。

1807年
威尔士南部斯旺西的奥伊斯特茅斯铁路开通了第一趟收费的列车，车厢由马匹牵引。

1808年
理查德·特里维西克在今天的伦敦尤斯顿车站附近铺设了一条环形蒸汽铁路，其上是"谁能追上我号"机车。

1814年
乔治·史蒂芬森为基林沃斯的马拉铁

路制造了他的第一台机车——"布吕歇尔号"。

1825年
斯托克顿至达林顿铁路通车,史蒂芬森不仅设计了这条路线,还制造了其上的第一台机车"运动号",但当时大多数火车车厢采用的还是马匹牵引。

1830年
5月:作为美国第一条蒸汽动力铁路,巴尔的摩至俄亥俄铁路首段长达13英里(21公里)的轨道通车。

7月:法国第一条铁路圣艾蒂安—里昂铁路的部分路段通车。

9月:利物浦至曼彻斯特铁路公司开始运营世界上第一条双轨、全蒸汽动力铁路,两大城市得以连通。

1835年
5月:比利时第一条铁路,即从布鲁塞尔到梅赫伦的铁路开通。

1837年
德国、奥地利、俄罗斯和法国的主要线路开始运营。

1842年
5月:世界上第一起重大铁路灾难在巴黎附近的凡尔赛发生,当时一列火车脱轨,造成至少50人死亡。

1843年
连接布鲁塞尔和科隆的第一条国际铁路线开通。

1853年
印度开通从孟买到塔纳的铁路。

1854年
非洲第一条铁路的首段在埃及的亚历山大港建成。

1863年
1月:世界上第一条地铁,即伦敦4英里(6.5公里)长的大都会铁路开通,列车采用了带有冷凝器的蒸汽机。

1869年
美国第一条横贯大陆铁路建成,连通内布拉斯加州的奥马哈市和加利福尼亚州的萨克拉门托市。

1881年
世界上第一条有轨电车线路在德国柏林附近的利希特费尔德开始运行。

1889年
北爱尔兰的阿马铁路事故促使英国各地广泛采取安全保障措施。

1890年
第一条电力驱动的地铁,即城市及南伦敦铁路开通。

1904年
当贝加尔湖附近的铁路段衔接起南北两段后,世界上最长的铁路西伯利亚大铁路从莫斯科到符拉迪沃斯托克(海参崴)全线通车。在英国,大西部铁路公司的"特鲁罗城号"机车成为第一台时速超过100英里(160公里)的蒸汽机车。

1913年
瑞典开始使用柴油动力机车。

1915—1917年
第一次世界大战期间,发生了截至当时世界历史上3起最严重的铁路事故,出事的火车上均载有部队:1915年5月苏格兰的昆廷希尔铁路事故(226人死亡);1917年1月罗马尼亚的丘雷亚铁路事故(多达1000人死亡);1917年12月的圣米歇尔—德莫里耶纳铁路事故(至少650人死亡)。

1923年
英国的铁路公司以地区为基础合并为四大公司:伦敦和西北铁路公司、伦敦米德兰和苏格兰铁路公司、大西部铁路公司和南部铁路公司。

1938年
流线型蒸汽机"绿头鸭号"在英格兰中部的彼得堡和格兰瑟姆之间驶出了126英里(203公里)的时速,创下蒸汽机车时速的世界纪录。

1948年
英国铁路实现国有化。

1961年
美国铁路干线告别最后一列蒸汽机车。

1964年
赶在当年奥运会开幕前,东京和大阪之间开通了世界上第一趟高速列车。

1968年
英国铁路公司告别最后一列蒸汽机车。

1971年
美国联邦政府经营的美铁接管国内大部分客运铁路线,以防止其进一步关停。

1981年
欧洲第一条高速铁路开始在法国巴黎和里昂之间运营。

1994年
英法海底隧道开通,英国和欧洲大陆之间有了直达火车。

1997年
英国铁路重新完成私有化。

2003年
9月:英国第一段高速铁路通车。

2008年
中国第一条高速铁路,即京津城际铁路开通。到2019年,中国高铁营业里程超过21753英里(35000公里),到2025年预计将增至31069英里(50000公里)。

精选书目

关于铁路的书有成千上万种，单乔治·奥特利的《英国铁路史参考书目》(*Bibliography of British Railway History*)就列出了25000多种，不过任何参考书目必然都是不完整的。我的私人图书馆里就只收录了1000多种。因此，在每个领域，我的推荐书目都会压缩至两三种。其中包括我自己写的一些针对普通读者的社会史图书。大体来说，专攻技术的书不在我的收录范围，因为那通常是专家的兴趣所在，而非我想要关注的领域。

世界铁路

用一本书讲遍全世界的铁路是一项不可能完成的任务。我在著作《血、铁与金》(*Blood, Iron & Gold*，2009年)中描绘了一个世界铁路的轮廓，侧重点为宏大的横贯大陆铁路。我还为DK出版社创作了《铁路》(*The Iron Road*，2014年)一书，全书共43章，涵盖了各种特定的主题。还有无数种"咖啡桌书"，插图众多，但热度过后，其中许多遭到弃置。此中最好的例子有O. S.诺克的《世界铁路地图集》(*World Atlas of Railways*，1978年)，尼古拉斯·菲斯的《运动》(*Locomotion*，1993年)，以及安东尼·伯顿的《铁路上的两百年》(*Two Centuries on the Rails*，2004年)。

尼古拉斯·菲斯的《铁路创造的世界》(*The World the Railways Made*，Bodley Head，1990年；2018年由宙斯之首出版社再版）具有开创性意义，因为它关注的是铁路的社会影响而非技术。

英国铁路

我的著作《火与蒸汽》(*Fire and Steam*，2007年）是一部英国铁路通史（书中还列了很长的参考书目）。杰克·西蒙斯教授编写了一系列关于铁路的优秀历史著作，讲述了铁路对社会和经济的影响，其中值得关注的是《英国铁路》(*The Railways of Britain*，1986年）。《牛津英国铁路史指南》(*The Oxford Companion to British Railway History*）尽管很有卖弄学问之嫌，但仍是一本有益的百科全书，而其中最好且最全面的一卷无疑是西蒙·布拉德利的《铁路：国家、网络和人民》(*The Railways: Nation, Network and People*，2015年），这本书的书名虽然取得很拙劣，但它的内容涵盖了铁路对英国历史方方面面的影响。

美国铁路

在一段时间里，我的著作《伟大的铁路革命》(*The Great Railway Revolution*，2012年）曾是首部铁路通史。较早讲述美国铁路的作品有奥尔布罗·马丁洋溢着乐观主义精神的《铁路的胜利》(*Railroads Triumphant*，1992年），以及斯图尔特·H.霍尔布鲁克另类的《美国铁路的故事》(*The Story of American Railroads*，

1947年)等。还有很多书讲述了横贯大陆铁路的故事——这条铁路在许多铁路人心中具有神话般的地位,其中最好的是大卫·哈沃德·贝恩的《帝国快车》(*Empire Express*,1999年)。迪伊·布朗的《听那寂寞的哨声》(*Hear That Lonesome Whistle Blow*)讲述了铁路是如何征服美国西部的,不枉它取了一个十分令人回味的名字。小西奥多·科恩韦伯的《非裔美国人经历中的铁路:一趟摄影之旅》(*Railroads in the African American Experience: A Photographic Journey*,2010年)一书,可跻身关于铁路的最佳社会史著作之列,该书讲了一个文笔颇佳、插图精美但鲜为人知的小故事,还谈到了铁路公司对非裔劳工的虐待。

地铁和有轨电车

我的《地铁》(*The Subterranean Railway*,2012年第2版)是一部关于伦敦地铁的历史书,书中引用了丰富的文献。囊括伦敦所有交通形式的权威著作是两卷本的《伦敦交通史》(*A History of London Transport*,1963年和1974年),作者为T.C.巴克和迈克尔·罗宾斯。英国首都交通出版社还出版了由不同作者撰写的每条铁路的历史。该社出版的另外两本书信息量巨大:马克·奥文登的《世界交通地图》(*Transit Maps of the World*,2003年;2015年由Penguin再版),涵盖了世界上的每一个铁路系统,展示了哈里·贝克绘制的原始伦敦地铁地图的广泛影响;而蒂姆·德穆斯的《伦敦地铁的扩张》(*The Spread of London Underground*,2003

年）则以10年为期，通过每10年的地铁地图，阐释了伦敦地铁的发展过程。

关于英国的有轨电车，最好的作品是《路上的轨道：英国和爱尔兰的有轨电车史》（*Rails in the Road: A History of Tramways in Britain and Ireland*，2016年），其中收录了有轨电车时代梦幻迷人的照片和插画，部分内容还涉及有轨电车在现代的复兴。《美国的城际有轨电车》（*The Electric Interurban Railways in America*，1960年）是乔治·W.希尔顿和约翰·F.迪尤的一本学术著作，讲述了城际电车（曾经几乎与美国每条主要公路并行）神奇却基本上已经被人遗忘的故事。

其他铁路

除了我自己关于西伯利亚大铁路的著作（*To the Edge of the World*，2013年）和关于印度铁路的著作（*Railways and the Raj*，2017年）外，我只想再列几本书，这是因为它们的内容非常好，而和它们的主题无关。例如，关于荷兰铁路，难得有一部特别好、图文并茂的历史著作——小亚瑟·J.维尼达尔所著的《荷兰的铁路：1834—1994年简史》（*Railways in the Netherlands: A Brief History 1834—1994*，2001年）。同样，关于个别国家铁路的最佳社会历史著作之一，当数尼尔·阿特金森的《铁路之国——铁路如何造就新西兰》（*Trainland: How Railways Made New Zealand*，2007年），该书同样图文并茂，视铁路为这个年轻国家历史的重要组成部分。与众不同的是，澳大利亚最好的铁路史是由一位女性撰写的，这在关于铁路的著作中非常罕见，她就是帕特西·亚当·史密斯，其著作为《澳大利亚铁路传奇》（Romance of Australian Railways，1973年）。乔治·塔博尔的《从开普敦到开罗的铁路和河道》（The Cape to Cairo Railway & River Routes，2003年）是一本罕见的关于非洲铁路的杰作，讲述了塞西尔·罗兹妄图修建一条纵贯整个非洲大陆的铁路，但以失败告终的尝试。我通常不喜欢以图片为主的咖啡桌书，但约翰·蒂克纳、戈登·埃德加和阿德里安·弗里曼所著的摄影随笔《中国：世界上最后的蒸汽铁路》，其中的图片令人震撼，展示了这个国家在铁路之外的许多方面。

其他感兴趣的书

同上，我只从众多书籍中选出了少数几种。海伦娜·沃伊特恰克撰写的《铁路女工：工作场所的剥削、背叛和胜利》（Railwaywomen: Exploitation, Betrayal and Triumph in the Workplace，2005年）首次关注到一个完全被忽视的领域——女性在铁路中的角色及其所受的虐待。安德鲁·道的《道氏铁路语录词典》（Dow's Dictionary of Railway Quotations，2006年）书如其名，是一本精彩的汇编集。迈克尔·威廉姆斯创作了一系列关于鲜为人知的铁路支线的书，其中最受欢迎的是《在慢火车上：十二次伟大的英国铁路之旅》（On the Slow Train: Twelve Great British Railway Journeys，2010年）。大作家马修·恩格尔的《迟到11分钟》(*Eleven Minutes Late*，2009年）引领读者开启一场探访英国精神的火车旅行，并试图解释为什么火车纵然有百般缺陷，我们还是热爱它。迈克尔·弗里曼也在他的《铁路与维多利亚时代的想象》(*Railways and the Victorian Imagination*，1999年）中探讨了铁路如何让公众着迷。最后，要提一下我个人著作中自己最爱的一本：《战争的引擎》(*Engines of War*，2012年）,该书介绍铁路如何创造了一种不同的（更加血腥且耗时更长的）战争形式。

未完待续……

注释

引言： 铁路为何出现？

1 Hylton, S., *The Grand Experiment: The Birth of the Railway Age 1820—1845* (Ian Allan, 2007), p. 11.

第一章　概念扎根

1 Ferneyhough, F., *Liverpool and Manchester Railway, 1830—1980* (Book Club Associates, 1980), p. 13.
2 Ibid. p.13.
3 Davies, H., *George Stephenson, The Remarkable Life of the Founder of the Railways* (Weidenfeld and Nicolson, 1975), p. 124.
4 乔治·史蒂芬森写给爱德华·皮斯的信，转引自 Ferneyhough, F., *Liverpool and Manchester Railway, 1830—1980* (Book Club Associates, 1980), p. 17。
5 Ferneyhough, F., *Liverpool and Manchester Railway, 1830—1980* (Book Club Associates, 1980), pp. 28-9.
6 Smiles, S., *The Life of George Stephenson* ([1881] The University Press of the Pacific, 2001), p. 108.
7 Davies, H., *George Stephenson, The Remarkable Life of the Founder of the Railways* (Weidenfeld and Nicolson, 1975), p. 152.
8 被广泛引用，转引自 Garfield, S., *The Last Journey of William Huskisson* (Faber and Faber, 2002), p. 20。
9 Holbrook, S. H., *The Story of American Railroads* (Bonanza Books, 1947), p. 23.

第二章　铁路普及

1 Holbrook, S. H., *The Story of American Railroads* (Bonanza Books, 1947), p. 40.
2 Ward, J. A., *Railroads and the Character of America, 1820—1887* (University of Tennessee Press, 1986), p. 28.
3 Douglas, G. H., *All Aboard: The Railroad in American Life* (Paragon House, 1992), p. 37.
4 Kornweibel, Jr, T., *Railroads in the*

African American Experience: A Photographic Journey (Johns Hopkins University Press, 2010), p. 11.
5 Lewin, H. G., *The Railway Mania and its Aftermath 1845—1852* ([1936] David & Charles, 1968), p. 121.

第三章 改变世界

1 转引自 Simmons, J., *The Railway in Town and Country, 1830—1914* (David & Charles, 1986), p. 61。
2 Mayhew, H., *The Shops and Companies of London and the Trades and Manufacturers of Great Britain* (Strand, 1865), p. 146.
3 Douglas, G. H., *All Aboard: The Railroad in American Life* (Paragon House, 1992), p. 232.
4 Holbrook, S. H., *The Story of American Railroads* (Bonanza Books, 1947), p. 60.
5 Williams, F. S., *Our Iron Roads: Their History, Construction and Social Influences* (Bemrose, 1852), p. 285.
6 Bradley, S., *The Railways: Nation, Network and People* (Profile Books, 2015), p. 90.
7 Ibid. p. 92.

8 Middleton, W. D., Smerk, G. M. and Diehl, R. L., *Encyclopedia of North American Railroads* (Indiana University Press, 2007), p. 244.

第四章 国家构建

1 Pirenne, H., *L'Histoire de Belgique, 1862—1935*, author's trans., (Hardpress Publishing, 2013), p. 64.
2 Ashley, S. A., *Making Liberalism Work: The Italian Experience, 1860—1914* (Greenwood Publishing, 2003), p. 40.
3 转引自 Mitchell, A., *The Great Train Race: Railways and the Franco-German Rivalry* (Berghahn Books, 2000), p. 63。
4 转引自 Weber, T., *The Northern Railroads in the Civil War, 1861—1865* ([1952] Indiana University Press, 1995), p. 141。

第五章 强盗大亨和铁路圣殿

1 Richards, J., in Wheeler, J. (ed.), *Ruskin and Environment: The Storm-Cloud of the Nineteenth Century* (Manchester University Press, 1995), p. 124.
2 Harter, J., *World Railways of the Nineteenth Century: A Pictorial*

History in Victorian Engravings, p 275.

第六章 旅行更安全和舒适了

1 Middleton, W. D., Smerk, G. M. and Diehl, R. L., *Encyclopedia of North American Railroads* (Indiana University Press, 2007), p. 39.
2 Ibid. p. 90.
3 Rolt, L. T. C., *Red for Danger* (David and Charles, 4th edition, 1982), p. 163.
4 Bradley, S., *The Railways: Nation, Network and People* (Profile Books, 2015), p. 50.

第七章 某种黄金时代

1 Betjeman, J., *London's Historic Railway Stations* (John Murray, 1972), p. 117.
2 Maggs, C., A *History of the Great Western Railway* (Amberley Publishing, 2013), p. 173.

图片来源

Previous pages Hal Morey, Grand Central Station, c.1929 / Getty Images.
Chapter openers Homage to A.M. Cassandre's Étoile du Nord
Picture Credits

引言

p.8 UIG / IMechE / akg-images;

pp.14-15 Hulton Archive / Stringer / Getty Images;

pp.20-21 Universal History Archive / Getty Images;

正文

pp.4-5 Hulton Archive / Getty Images;

pp.8-9 Pictures From History / akg-images;

p.13 Science & Society Picture Library / Getty Images;

pp.16-17 World History Archive / akg-images;

pp.26-27 Heritage Images / Getty Images;

p.28 Bridgeman Images;

p.31 Sheridan Libraries / Getty Images;

p.37 The Stapleton Collection / Bridgeman Images;

pp.46-47 Hulton Archive / Getty Images;

pp.48-49 Science & Society Picture Library / Getty Images;

pp.52-53 Science & Society Picture Library / Getty Images;

p.59 Science & Society Picture Library / Getty Images;

pp.64-65 Hulton Deutsch / Getty Images;

p.67 Public Domain;

pp.68-69 Library of Congress / Getty Images;

pp.76-77 Universal History Archive / Getty Images;

pp.78-79 Otto Herschan Collection / Springer / Getty Images;

pp.84-85 Universal Images Group / Getty Images；

pp.94-95 Buyenlarge / Getty Images;

pp.108-109 Science Source / akg-images;

pp.114-115Roger Viollet / Getty Images;

pp.116-117 Oxford Science Archive / akg-images;

pp.122-123 Public Domain;

pp.132-133 Illustrated Papers Collection / Bridgeman Images;

pp.134-135 Science & Society Picture Library / Getty Images;

p.137 Heritage Images / The Print Collector / akg-images;

p.139 Peter Newark American Pictures / Bridgeman Images;

p.141 Pictures From History / Bridgeman Images;

p.142 Archives Charmet / Bridgeman Images;

p.143 Keystone France / Getty Images;

p.153 Science & Society Picture Library / Getty Images;

pp.160-161; Chicago History Museum / Getty Images;

p.163 Heritage Images / Keystone-Archive / akg-images;

pp.164-165 Universal Images Group / Universal History Archive / akg-images;

p.168 Pictures From History /akg-images;

pp.176-177 Central Press / Stringer / Getty images;

p.178 Public Domain;

pp.182-183 Public Domain.

译名对照表

人名

A
阿德里安·弗里曼　Adrian Freeman
爱德华·哈里曼　Edward Harriman
爱德华·皮斯　Edward Pease
爱德华·沃特金　Edward Watkin
安德烈·查佩隆　André Chapelon
安德鲁·道　Andrew Dow
安东尼·伯顿　Anthony Burton
奥尔布罗·马丁　Albro Martin
奥托·冯·俾斯麦　Otto von Bismarck

B
鲍比·琼斯　Bobby Jones
本·霍根　Ben Hogan
本杰明·弗伦奇　Benjamin French
彼得·库珀　Peter Cooper
伯特伦·米尔斯　Bertram Mills

C
查尔斯·狄更斯　Charles Dickens

D
大卫·哈沃德·贝恩　David Haward Bain
丹尼尔·德鲁　Daniel Drew
迪伊·布朗　Dee Brown
蒂莫西·伯斯托尔　Timothy Burstall
蒂莫西·哈克沃斯　Timothy Hackworth
蒂姆·德穆斯　Tim Demuth

F
范妮·肯布尔　Fanny Kemble
菲利普·布利斯　Philip Bliss
菲利普·哈德威克　Philip Hardwick
菲利斯·福格　Phileas Fogg
弗兰克·毕克　Frank Pick
弗兰克·诺里斯　Frank Norris
弗朗西斯·威洛比爵士　Sir Francis Willoughby
弗雷德·哈维　Fred Harvey

G
戈登·埃德加　Gordon Edgar

H

哈里·贝克　Harry Beck

海伦娜·沃伊特恰克　Helena Wojtczak

赫尔曼·豪普特　Herman Haupt

赫尔穆特·冯·毛奇　Helmuth Von Moltke

亨利·弗拉格勒　Henry Flagler

亨利·梅休　Henry Mayhew

亨利·斯温伯恩　Henry Swinburne

亨特·戴维斯　Hunter Davies

亨廷顿·博蒙特　Huntingdon Beaumont

霍雷肖·艾伦　Horatio Allen

J

吉姆·菲斯克　Jim Fisk

杰克·西蒙斯　Jack Simmons

杰伊·古尔德　Jay Gould

K

科尼利厄斯·"海军准将"·范德比尔特　Cornelius "Commodore" Vanderbilt

L

理查德·比钦　Richard Beeching

理查德·特里维西克　Richard Trevithick

鲁道夫·狄塞尔　Rudolf Diesel

路易·菲利普　Louis Philipp

罗伯特·史蒂芬森　Robert Stephenson

罗马皇帝提比略　Roman Emperor Tiberius

M

马克·奥文登　Mark Ovenden

马克·塞金　Marc Seguin

马克·休伊什　Mark Huish

马修·博尔顿　Matthew Boulton

马修·恩格尔　Matthew Engel

迈克尔·弗里曼　Michael Freeman

迈克尔·罗宾斯　Michael Robbins

迈克尔·威廉姆斯　Michael Williams

N

奈杰尔·格雷斯利　Nigel Gresley

尼尔·阿特金森　Neill Atkinson

尼古拉·居纽　Nicholas Cugnot

尼古拉斯·菲斯　Nicholas Faith

O

O.S. 诺克　O. S. Nock

P

帕特西·亚当·史密斯　Patsy Adam Smith

Q

乔治·H.道格拉斯　George H. Douglas

乔治·W.希尔顿　George W. Hilton

乔治·奥弗顿　George Overton

乔治·奥特利　George Ottley

乔治·铂尔曼　George Pullman

乔治·纳吉麦克　George Nagelmackers

乔治·史蒂芬森　George Stephenson

乔治·塔博尔　George Tabor

R

儒勒·凡尔纳　Jules Verne

S

塞夫顿勋爵　Lord Sefton

塞缪尔·佩托　Samuel Peto

塞缪尔·斯迈尔斯　Samuel Smiles

塞西尔·罗兹　Cecil Rhodes

斯图尔特·H.霍尔布鲁克　Stewart H. Holbrook

斯图尔特·希尔顿　Stuart Hylton

苏珊·阿什利　Susan Ashley

T

T.C.巴克　T. C. Barker

托马斯·鲍奇　Thomas Bouch

托马斯·古奇　Thomas Gooch

托马斯·杰斐逊　Thomas Jefferson

托马斯·库克　Thomas Cook

托马斯·纽科门　Thomas Newcomen

托马斯·萨弗里　Thomas Savery

托马斯·泰尔福　Thomas Telford

W

W.帕森斯·托德　W. Parsons Todd

威廉·巴洛　William Barlow

威廉·弗雷德里克·艾伦　William Frederick Allen

威廉·格拉德斯通　William Gladstone

威廉·赫斯基森　William Huskisson

威廉·亨利·范德比尔特　William Henry Vanderbilt

威廉·华兹华斯　William Wordsworth

威廉·科尼利厄斯·范·霍恩 William Cornelius Van Horne
威廉·斯坦利 William Stanley
威廉·威尔逊 William Wilson
威廉·谢尔曼 William Sherman
威廉·詹姆斯 William James
维特鲁威 Vitruvius
温斯顿·丘吉尔 Winston Churchill

X

西奥多·林克 Theodore Link
西奥多·朱达 Theodore Judah
西蒙·布拉德利 Simon Bradley
小西奥多·科恩韦伯 Theodore Kornweibel Jr
小亚瑟·J.维尼达尔 Arthur J. Veenendaal Jr
谢尔盖·维特 Sergei Witte

Y

亚伯拉罕·林肯 Abraham Lincoln
亚历山大·汉密尔顿 Alexander Hamilton
伊迪斯·K.哈珀 Edith K. Harper
伊桑巴德·金德姆·布鲁内尔 Isambard Kingdom Brunel

约翰·F.迪尤 John F. Due
约翰·埃里克森 John Ericsson
约翰·贝杰曼 John Betjeman
约翰·布尔 John Bull
约翰·布伦金索普 John Blenkinsop
约翰·蒂克纳 John Tickner
约翰·格里森·威尔逊 John Gleeson Wilson
约翰·麦克亚当 John McAdam
约瑟夫·桑达斯 Joseph Sandars

Z

詹姆斯·J.希尔 James J. Hill
詹姆斯·瓦特 James Watt
詹姆斯·沃德 James Ward
朱迪·加兰 Judy Garland

地名

阿克顿 Acton
阿什塔布拉 Ashtabula
埃克尔斯镇 Eccles
昂德雷济约 Andrézieux
奥利弗山 Olive Mount
巴拉克拉瓦港 Balaklava
滨海韦斯顿 Weston-super-Mare
伯肯海德 Birkenhead

布拉顿	Bladon	海多克公园	Haydock Park
布莱克浦	Blackpool	汉伯勒	Hanborough
布莱克希斯	Blackheath	惠克姆	Whickham
布赖斯高	Breisgau	惠灵	Wheeling
布朗斯维尔	Brownsville	霍恩西	Hornsey
布里奇沃特	Bridgewater	九榆树	Nine Elms
布卢姆斯伯里	Bloomsbury	康瑟尔布拉夫斯	Council Bluffs
布鲁克伍德	Brookwood	科林斯地峡	isthmus at Corinth
布伦特福德	Brentford	克罗伊登	Croydon
布罗姆利	Bromley	肯蒂什镇	Kentish Town
查特莫斯	Chat Moss	莱顿	Leyton
达勒姆	Durham	莱姆街	Lime Street
达勒姆郡	County Durham	罗讷河	Rhône
达林顿	Darlington	马纳萨斯枢纽	Manassas Junction
邓迪	Dundee	麦迪逊	Madison
蒂尔伯里	Tilbury	莫里斯敦	Morristown
蒂斯河	Tees	默斯塔姆	Merstham
俄亥俄河	Ohio river	默西	Mersey
恩菲尔德	Enfield	牛顿勒威洛斯	Newton-le-Willows
法灵顿	Farringdon	纽伦堡	Nuremberg
菲尔特	Fürth	诺里奇	Norwich
弗赖堡大教堂	Minster of Freiburg	帕克赛德	Parkside
弗利特伍德	Fleetwood	潘尼达伦	Pen-y-Darren
福克斯通	Folkstone	普雷斯顿	Preston
福斯桥	Forth bridge	普罗蒙特里峰	Promontory Point
戈德斯通	Godstone	普特尼	Putney
哈蒙德	Hammond	奇彭纳姆	Chippenham

奇斯威克　Chiswick

丘雷亚乡　Ciurea

霍亨萨尔茨堡　Hohensalzburg

萨瓦省　Savoie

塞巴斯托波尔　Sebastopol

塞尔扣克山脉　Selkirk

桑德兰　Sunderland

桑宁通道　Sonning cutting

瑟比顿　Surbiton

沙皇村　Tsarskoe Selo

什鲁斯伯里　Shrewsbury

圣艾蒂安　St Étienne

圣米歇尔—德莫里耶纳　Saint-Michel-de-Maurienne

舒特斯希尔　Shooter's Hill

斯卡布罗　Scarborough

斯克恩河　River Skerne

斯塔普尔赫斯特　Staplehurst

泰恩赛德　Tyneside

泰河　Tay

图尔农　Tournon

旺兹沃思　Wandsworth

威尔河　River Wear

威勒姆　Wylam

温布尔登　Wimbledon

沃尔默城堡　Walmer Castle

沃尔瑟姆斯托　Walthamstow

雅茅斯　Yarmouth

伊灵　Ealing

尤斯顿车站　Euston station

沼泽区迈尔斯弗拉特　Myers Flat

中央高原　Massif Central

专有名词、机构名称

阿马铁路事故　Armagh Rail Disaster

艾奇逊、托皮卡和圣达菲铁路公司　Atchison, Topeka & Santa Fe Railway

奥伊斯特茅斯铁路　Oystermouth Railway

巴尔的摩至俄亥俄铁路　the Baltimore & Ohio Railroad

巴黎东站　the Gare de l'Est in Paris

巴黎—里昂—地中海铁路　Paris-Lyon-Mediterranée Railways

巴黎—里昂线　Paris-Lyons Line

巴黎—斯特拉斯堡和巴黎—米卢斯铁路　the Paris-Strasbourg and Paris-Mulhouse Railways

北方铁路　the Chemins de Fer du Nord

贝加尔—阿穆尔干线　Baikal-Amur Mainline

贝加尔湖环湖铁路　Circum-Baikal Railway

比钦大斧　Beeching Axe
宾夕法尼亚铁路公司　the Pennsylvania Railroad
波士顿至伍斯特铁路公司　Boston & Worcester Railroad
波士顿南站　Boston South Station
铂尔曼豪华列车工厂　Pullman Palace Car Works
博德明至韦德布里奇铁路公司　Bodmin & Wadebridge Railway
博尔顿和瓦特公司　Boulton & Watt
布格多夫—图恩铁路　Burgdorf–Thun Railway
布杂艺术风格　Beaux-Arts Style
查尔斯顿至汉堡铁路　Charleston & Hamburg Railroad
大北方铁路公司　Great Northern Railway
大交会铁路　Grand Junction Railway
大克里米亚中央铁路　Grand Crimean Central Railway
大西部铁路公司　Great Western Railway
大中央车站　Grand Central station
大中央铁路　Great Central Railway
大众　Hoi Polloi
道路收费信托机构　Turnpike trusts

德国铁路公司　Deutsche Bahn
德意志帝国铁路公司　the Reichsbahn
第一条横贯大陆铁路　First Transcontinental Railroad
东北走廊线　Northeast Corridor
东方快车　Orient Express
东南高速铁路　Sud-Est Ligne à Grande Vitesse
法拉利列车　Italo Trains
反启蒙主义者　Obscurantists
共同市场　Common Market
国际卧铺车公司　Compagnie Internationale des Wagon-Lits
国家诗歌音乐艺术节　National Eisteddfod
国土十字车站　King's Cross
赫顿煤矿线　Hetton colliery line
横贯铁路　Crossrail
红箭列车　Frecciarossa Trains
湖滨铁路　Lake Shore Railroad
霍博肯车站　Hoboken
基林沃斯煤矿　Killingworth collier
加拿大北方铁路　Canadian Northern Railway
加拿大太平洋铁路　Canadian Pacific Railway
卡姆登至安博伊铁路　Camden &

	Amboy Railway
开放通路权	Open Access
考西拱门	Causey Arch
康坎铁路	Konkan Railway
柯克代尔监狱	Kirkdale jail
嗑药锐舞	Raves
肯德尔至温德米尔铁路	Kendal & Windermere Railway
矿车道	Tramway
矿山至斯古吉尔港小铁路	Mine Hill & Schuylkill Haven Railway
拉克万纳铁路公司	Lackawanna Railroad
利物浦至曼彻斯特铁路	Liverpool & Manchester Railway
利兹至米德尔顿煤矿线	Leeds & Middleton Colliery line
联合太平洋和密苏里太平洋铁路公司	Union Pacific and Missouri Pacific Railway
联合太平洋铁路公司	Union Pacific Railroad
玲玲马戏团	Barnum & Bailey
领航员	Navigators
伦敦、布莱顿和南海岸铁路公司	London, Brighton & South Coast Railway
伦敦、查塔姆和多佛铁路公司	London, Chatham & Dover
伦敦大都会铁路	Metropolitan Railway
伦敦和伯明翰铁路公司	London & Birmingham Railway
伦敦至格林尼治铁路	London & Greenwich Railway
伦敦和西北铁路公司	London & North Western Railway
伦敦米德兰和苏格兰铁路公司	the London Midland & Scottish Railway
伦敦墓地公司	London Necropolis Company
伦敦墓地铁路公司	London Necropolis Railway
罗斯柴尔德银行	Rothschild bank
马拉车道	Wagonway
马纳萨斯峡铁路	Manassas Gap Railroad
美国铁路公司	Amtrak Railway
孟加拉—那格浦尔铁路	Bengal Nagpur Railway
米德兰铁路公司	Midland Railway
莫斯科至圣彼得堡铁路	Moscow-Saint Petersburg Railway
默西和厄威尔内河航道	Mersey &

Irwell Navigation
南部铁路　the Südbahn Railway
南卡罗来纳州运河和铁路公司　South Carolina Canal & Railroad Company
南太平洋铁路公司　Southern Pacific Railway
南约克郡铁路　South Yorkshire Railway
牛奔河之役　Battle of Bull Run
纽黑文铁路公司　the New Haven Railroad
纽卡斯尔路　Newcastle Roads
纽约至伊利铁路公司　New York & Erie Railroad
纽约西点铸造厂　West Point Foundry
纽约中央铁路　New York Central Railroad
欧洲快车　Trans-Europ Expresses (TEE)
帕米拉至杰克逊堡铁路　Palmyra & Jacksonburgh Railroad
汽转球　Aeolipile
日本国有铁路　Japanese National Railways
萨里铁路　Surrey Iron Railway
圣达菲铁路　Santa Fe Railway
圣路易斯红雀队　St Louis Cardinals
圣路易斯世界博览会　St Louis World's Fair
圣路易斯枢纽铁路联合会　Terminal Railroad Association of St Louis
圣潘克拉斯火车站　St Pancras
施里芬计划　Schlieffen Plan
时代精神　Zeitgeist
世界博览会　Great Exhibition
水牛比尔的狂野西部巡演　Buffalo Bill's Wild West tour
斯托克顿至达林顿铁路　Stockton & Darlington Railway
斯旺西至曼布尔斯铁路　Swansea & Mumbles Railway
松鸡运输权　Grouse Traffic
松林泥炭地　PIne Barrens
塔斯卡洛拉&冷运隧道&铁路公司　Tuscarora & Cold Run Tunnel & Railroad Company
太平洋大干线铁路　Grand Trunk Pacific Railroad
泰晤士连线　Thameslink
坦菲尔德马拉车道　Tanfield Wagonway
铁路从业者协会　ASRS
铁路票据交换所　Railway Clearing House

托米铲　Tommy-Spades

W.W.科尔著名的纽约和新奥尔良马戏团　W. W. Cole's Famous New York & New Orleans Circus

挖土工　navvies

维珍铁路公司　Virgin Trains

温布利塔　Wembley Tower

西伯利亚大铁路　Trans-Siberian Railway

西海岸干线　West Coast Main Line

新旅客交通　Nuovo Trasporto Viaggiatori

伊利诺伊中央铁路公司　Illinois Central Railroad

伊利铁路公司　the Erie Railroad

印度兵变　Indian Mutiny

印度巡回板球队　Indian Cricket Team

英法海峡隧道连接铁路　Channel Tunnel Rail Link

尤里卡时刻　Eureka moment

约翰斯顿体　Johnston

圆标　Roundel

玉山审判　Rainhill Trials

蒸汽板车　Fardier à Vapeur

蒸汽马戏团　Steam Circus

芝加哥、伯灵顿和昆西铁路公司　Chicago, Burlington and Quincy Railroad

芝加哥至奥尔顿铁路公司　Chicago & Alton Railroad

中央太平洋铁路公司　Central Pacific Railroad

州际商务委员会　Interstate Commerce Commission

自由放任　Laissez-faire

里程碑文库
The Landmark Library

"里程碑文库"是由英国知名独立出版社宙斯之首（Head of Zeus）于2014年发起的大型出版项目，邀请全球人文社科领域的顶尖学者创作，撷取人类文明长河中的一项项不朽成就，以"大家小书"的形式，深挖其背后的社会、人文、历史背景，并串联起影响、造就其里程碑地位的人物与事件。

2018年，中国新生代出版品牌"未读"（UnRead）成为该项目的"东方合伙人"。除独家全系引进外，"未读"还与亚洲知名出版机构、中国国内原创作者合作，策划出版了一系列东方文明主题的图书加入文库，并同时向海外推广，使"里程碑文库"更具全球视野，成为一个真正意义上的开放互动性出版项目。

在打造这套文库的过程中，我们刻意打破了时空的限制，把古今中外不同领域、不同方向、不同主题的图书放到了一起。在兼顾知识性与趣味性的同时，也为喜欢此类图书的读者提供了一份"按图索骥"的指南。

作为读者，你可以把每一本书看作一个人类文明之旅的坐标点，每一个目的地，都有一位博学多才的讲述者在等你一起畅谈。

如果你愿意，也可以将它们视为被打乱的拼图。随着每一辑新书的推出，你将获得越来越多的拼图块，最终根据自身的阅读喜好，拼合出一幅完全属于自己的知识版图。

我们也很希望获得来自你的兴趣主题的建议，说不定它们正在或将在我们的出版计划之中。

里程碑文库编委会